TUTANKÁTON + O TERCEIRO SINAL

Otavio Frias Filho

TUTANKÁTON
+ O TERCEIRO SINAL

Cobogó

SUMÁRIO

Apresentação, por Fernanda Diamant   7

Tombos e tumbas, por Marcelo Coelho   11

O TERCEIRO SINAL   15

TUTANKÁTON   49

Nota sobre *Tutankáton*   101

Apresentação

Foi Bete Coelho quem sugeriu que Otavio Frias Filho fizesse sua incursão como ator, em 2001. Nessa época, ele estava escrevendo uma série de ensaios baseados em experiências pessoais que envolvessem algum grau de vulnerabilidade – um projeto longo que culminaria na publicação do livro *Queda livre: ensaios de risco* (Companhia das Letras, 2003). A trajetória de Otavio como dramaturgo e espectador atento da produção teatral brasileira não incluía, até aquela altura, nenhuma participação nos palcos.

Conhecendo a personalidade tímida e discreta do amigo, Bete imaginou que o desafio de fazê-lo atuar se adequava perfeitamente ao espírito do livro – e ele, depois de considerar que aquilo seria uma loucura, finalmente concordou. A atriz ligou para o diretor José Celso Martinez Corrêa, que montava naquele momento, pela primeira vez, uma obra de Nelson Rodrigues, *Boca de Ouro*. Bete recorda que Zé Celso adorou a ideia, e imediatamente lembrou de Caveirinha, o jornalista narrador da peça, personagem perfeito para Otavio por razões óbvias.

A atriz conta que, quando leu *O terceiro sinal*, relato dessa experiência em cena, logo o imaginou transposto para o palco. Não havia sequer passado da terceira página quando começou a andar pela casa, lendo em voz alta, apaixonada pelo texto. Otavio a principio achou essa possibilidade outra loucura. Para convencê-lo, Bete ensaiou sozinha um trecho e, numa performance caseira, conseguiu mostrar ao autor a potência cênica do que ele próprio criara.

Passaram-se anos até que o projeto tomasse forma. A primeira versão, um monólogo, estreou em 23 de julho de 2010, no Teatro Eva Herz, em São Paulo, interpretado pela própria atriz. Quando, em 2018, surgiu a possibilidade de fazer o mesmo espetáculo no Teatro Oficina – o lugar onde tudo começou –, Otavio e Bete se reencontraram para repensá-lo para aquele espaço. É essa última versão que publicamos agora. Nela, há a participação de outros atores – uma espécie de coro que dá forma ao relato do protagonista.

A palavra adaptação é imprecisa para definir esse trabalho, já que a embocadura ensaística da prosa original foi completamente preservada na peça. O que Bete Coelho fez foi lançar mão de certos recursos cênicos e eliminar algumas passagens, principalmente descrições históricas e investidas teóricas. A ideia de abrir esta edição com *O terceiro sinal* veio justamente do fato de que o texto ilumina como nenhum outro as escolhas de Otavio Frias Filho ao longo de sua carreira como dramaturgo; e também porque é, ao mesmo tempo, um elogio dessa arte – o teatro –, na medida de sua complexidade. Bete diz que encontrou ali a síntese do processo interno do trabalho do ator com uma clareza que ela nunca havia lido. E, agora, na nova síntese que este livro realiza, *O terceiro sinal* se mostra numa dupla capacidade: a de ser uma peça e, ao mesmo tempo, uma introdução a outra peça. É o terceiro sinal para que se inicie *Tutankáton*.

Fernanda Diamant

Tombos e tumbas

Ninguém que eu conhecesse, aí por volta dos anos 1990, ficou tão abalado quanto Otavio Frias Filho com a queda do Muro de Berlim e o colapso do socialismo soviético.

O tema tornou-se uma obsessão para ele, eu diria que a vida inteira. "Que mentirosos, que mentirosos!", repetia, referindo-se aos adeptos da revolução socialista. Ainda que muito ridicularizadas, as teses de Francis Fukuyama sobre o "fim da História" eram vistas com alguma simpatia por Otavio.

Tutankáton, de 1990, é, antes de tudo, uma peça sobre o fim das esperanças de esquerda. Mas outro sonho de ruptura revolucionária – expresso nas táticas de fragmentação formal do modernismo – também é posto em causa.

Vivia-se, na virada da década de 1980, a agonia das pretensões vanguardistas, tanto as defendidas pelo ultraformalismo dos concretos quanto aquelas vividas pela estética marginal e pela performance. De comum, esses dois polos tinham a recusa ao texto discursivo, à exposição racional, ainda que estética, de teses e visões de mundo.

O palco, para Otavio Frias, seria o lugar ideal para discutir ideias – com a mesma lógica, o mesmo apuro, a mesma arte que ele exibia nas conversas cotidianas.

O teatro abriria ainda para ele a possibilidade de dar um passo além do jornalismo, atividade que o frustrava repetidamente.

Tudo fazia sentido, assim, no plano – e na execução – de *Tutankáton*. Outras peças se seguiram em pouco tempo, cuidadosamente planejadas. O desejo de vê-las encenadas, tão logo completada uma primeira versão, é certamente natural em qualquer dramaturgo. Foi o que levou, acredito, ao desfecho um tanto atabalhoado de *Don Juan*, seu texto mais ambicioso. Entregue aos cuidados de um diretor, Gerald Thomas, cuja extensa lista de qualidades não inclui as da clareza expositiva ou da modéstia face às intenções do autor, o fracasso da peça culminaria na série de desentendimentos, inconformidades e espantos que marcou a relação de Otavio com a maioria dos que encenaram seus textos.

Não que Otavio Frias estivesse despreparado para decepções desse tipo. O insucesso real de textos tão bem pensados espelhava, também aqui, a experiência histórica do socialismo, a que ele não se cansava de referir. De alguma forma, sua vocação de jornalista e de intelectual – comprometido com a busca da verdade, e convicto de que será mais verdadeiro o fato que mais nos desagrada – encontrava uma confirmação paradoxal, na medida em que seu próprio desejo de sucesso no teatro se esbatia na sofrível realização da cena.

Não por acaso, esse obcecado com o colapso do Muro de Berlim chamaria de *Queda livre* seu extraordinário livro de ensaios; também "O terceiro sinal", texto sobre sua carreira no teatro que escreveu para a coletânea, narra como ele quase caiu em sua estreia, ao escalar uma escada íngreme no Teatro Oficina – onde se aventurava como ator numa peça de Nelson Rodrigues.

Invejando-o em vários aspectos – particularmente pelo êxito nas conquistas amorosas –, mais de uma vez tentei salvá-lo do desânimo que teatro e jornalismo lhe provocavam. Talvez ele exagerasse na melancolia para mitigar a minha inveja. Recorrendo a um antigo ditado, ele respondia: "Você vê as pingas que eu tomo, mas não vê os tombos que eu levo." Não acredito que tenha sido infeliz. Os tombos, por assim dizer, traziam-lhe algo como a confirmação intelectual de seus acertos teóricos, enquanto que, na prática, ele oscilava entre a ruptura e a resignação.

A vida não correspondeu ao volume das expectativas que Otavio Frias, imagino, depositava no teatro e, em especial, nesta sua primeira peça. De algum modo, é como se ele tivesse de experimentar em si mesmo a derrota de seu protagonista; o luto pela falência do socialismo e a rotina indesejada no jornal terão provavelmente servido para ele como uma espécie de sacrifício e homenagem – diante de sonhos, loucuras e desejos que não eram os seus.

Marcelo Coelho
Escritor e articulista do jornal *Folha de S.Paulo*

O TERCEIRO SINAL
de **Bete Coelho** e **Otavio Frias Filho**

O terceiro sinal estreou em 23 de março de 2018, no Teatro Oficina, em São Paulo. O texto, de Otavio Frias Filho, é baseado em um dos "ensaios de risco" do livro *Queda livre* (Companhia das Letras), do mesmo autor.

Atriz e idealizadora
Bete Coelho

Diretor
Ricardo Bittencourt

Diretor de produção e vídeo
Gabriel Fernandes

Produtor e ator
André Bortolanza

Atores
Cacá Toledo
Luiza Renaux
Luiza Curvo
Thomas Carvalho

Figurinista
Cassio Brasil

Técnico e operador de som
Cauê Andreassa

Montagem e operação de luz
Cynthia Monteiro

Câmera ao vivo
Diego Arvate

Voz da Diva
Giulia Gam

Câmera ao vivo
Igor Marotti

Fotógrafa e atriz
Jennifer Glass

Operador de vídeo e ator
Kael Studart

Costureira e camareira
Lili Santa Rosa

Desenho e operação de luz
Luana Della Crist

Diretor de comunicação
Maurício Magalhães

Diretor de palco, cenotécnico e ator
Murillo Carraro

Assessoria jurídica
Olivieri e Associados

Marketing digital
Outsmarting

Assistente de iluminação
Pedro Felizes

Assessoria de imprensa
Sylvio Novelli

Montagem de luz
Vinícius Tabarini

CONCEPÇÃO ORIGINAL (2010)

Direção
Bete Coelho, Ricardo Bittencourt e Muriel Matalon

Cenografia
Flavia Soares

Concepção de luz
Michele Matalon e Carlos Moraes

Assistente de direção
Zé Geraldo Jr.

Diretor de palco, contrarregra e cenotécnico
Domingos Varella

Contrarregra, cenotécnico e camareiro
João Sobrinho

CENA 1

Projeção do início do texto sendo digitado em uma tela de computador. Essa imagem mistura-se ao rosto de OTAVIO projetado ao vivo dizendo o mesmo texto.

OTAVIO: Eu estava em frente a um espelho de camarim, piorando minha maquiagem a cada tentativa de consertá-la. Olhava-me no vidro e não via outra pessoa: os óculos, de armação grossa e preta, eram diferentes; o cabelo estava cheio de gel; a cara, cinzenta como a de um embalsamado – mas não dava para disfarçar que era eu. Ao redor os atores giravam a esmo, naqueles momentos em que, vestidos alguns em roupas implausíveis, ainda seminus os outros, emitindo grunhidos e gargarejos para aquecer a voz, eles se parecem mais do que nunca com loucos num pátio de hospício. Eu havia verificado maquinalmente as três coisas que não poderia esquecer de modo algum: um jornal dobrado, uma caderneta preta e um revólver calibre 32, niquelado e com cabo de madrepérola, cujo tambor chequei com cuidado obsessivo, para ter certeza de que estava vazio. Dentro de alguns minutos, sem nenhuma experiência prévia, tendo decorado o texto na última semana e tomado parte em apenas três ensaios, sem ser nem desejar me converter num ator, eu estaria me apresentando diante de uma plateia pagante num dos teatros mais mitológicos do país, sob a direção do mais histórico de seus diretores.

Stanislavski, num de seus livros, conta a experiência insólita pela qual passou certa vez numa festa, quando estudante. Os amigos resolveram, de brincadeira, submetê-lo a uma intervenção cirúrgica. Puxaram uma cama [*entra uma mesa/maca e os atores executam as ações descritas na cena. Sons de talheres*], esticaram lençóis e improvisaram uma sala de operações. Apareceram bacias com água e talheres, que tiniam como ferros cirúrgicos. Já vestido numa camisola, Stanislavski foi deitado na "mesa"; os "médicos" procuravam tranquilizá-lo, falando, entretanto, no tom que se usa para consolar um desenganado. Esticaram seu antebraço e ele sentiu uma picada na altura da veia. O braço foi em seguida pincelado e recoberto por ataduras, discutiam em voz baixa a incisão a fazer em seu abdome. De repente lhe ocorreu a ideia absurda: e se eles me abrirem de fato? Sabia que estavam brincando, sabia que não havia como nem por que operá-lo, mas a ideia se tornou perturbadora de tal forma que ele estava para se levantar num rompante, aterrorizado e suando frio, quando a brincadeira terminou.

Risos dos atores que saem de cena.

Era uma sensação parecida. Nada de terrível, nem mesmo de grave, poderia acontecer a mim, aos atores ou à principal vítima, a plateia. Num papel que, sendo mais que uma ponta, não estava entre os protagonistas, eu não teria ocasião de comprometer o conjunto, meu desempenho passaria batido. Mesmo que fosse identificado por pessoas no público, não tinha obrigação de me sair bem, não era um profissional. No entanto, não parava de imaginar uma série de infelicidades aptas a tornar aquela noite uma lembrança vexaminosa, indelével, dessas que se integram ao folclore de uma geração: um acidente físico em cena, um desmaio, algum branco que os colegas não conseguissem emendar, um ato falho imperdoável, um fiasco qualquer, algum conhecido na plateia que se sentisse estimulado a fazer pilhérias em público por meu próprio exemplo, alguém que se levantasse na audiência para exigir o dinheiro de volta. Mesmo que não acontecesse nada de catastrófico, restava o vago murmúrio do ridículo transmitindo-se com malévola displicência de boca em boca, fazendo o alvo dos comentários sofrer como um marido enganado que padece menos pelo pouco que percebe do que pelo muito que pode imaginar, sem ter a certeza pungente dos detalhes. Não ser ator era um álibi e ao mesmo tempo consistia no próprio delito: o palco não foi feito para amadores.

ATOR: Em todos os teatros do mundo, uma sineta toca sucessivamente uma, duas e enfim três vezes, anunciando que o espetáculo vai começar.

Todos os atores se preparam para entrar em cena.

OTAVIO: O primeiro toque serve de alerta aos técnicos e atores, que entram na reta final dos preparativos. O segundo precipita uma correria entre os que estão atrasados e aumenta a concentração dos demais, que circulam pelo pátio do hospício. O terceiro é irrecorrível: seja o que Deus quiser, começou.

CENA 2

OTAVIO: [*imóvel no foco de luz, apavorado*] Agora, prestes a entrar em cena, a angústia tomava a forma de um torpor, uma quase-sonolência que me deixava catatônico, imune ao mundo exterior, bocejando largado numa cadeira. Sentia as pernas moles e não sabia decidir se era descontração ou anestesia. Meu coração martelava, sentia falta de ar. Reza a lenda que foi Fernanda Montenegro quem estabeleceu a cautela de manter, em algum lugar das coxias, próximo à cena, um recipiente qualquer que servisse numa emergência urinária. Mesmo assim, esvaziei a bexiga algumas vezes, seguidamente, como se fosse uma cena que devesse ensaiar antes de descer ao proscênio pouco visível pela plateia. Estava mais zonzo do que apavorado.

A atriz com quem eu contracenaria, Sylvia Prado, [*ATRIZ entra em cena com espelho ajudando na maquiagem*] tenta me ajudar na maquiagem, detalhe a que os verdadeiros atores dão imensa importância, a ponto de o rito diante do espelho se confundir com a preparação espiritual para se tornar um outro. Camila Mota, atriz que me mantinha à distância, mal me dirigindo a palavra, estende três comprimidos de guaraná em pó em minha direção, num gesto imperativo de Cleópatra [*ATRIZ entra em cena com as cápsulas*]. Ela teria coragem de me envenenar, penso, olhando incrédulo as cápsulas castanhas na palma de sua mão, ou de me dar laxantes antes da peça? Resolvi aceitar o que era, afinal, um cachimbo da paz, a senha de que ela enfim tolerava a minha presença na companhia. Seu namorado, outro ator pouco amistoso nos ensaios, oferece um copo de conhaque, que engulo [*ATOR entra e oferece copo de conhaque*]. Estou topando todas. [*som de alguém batendo três vezes na madeira*]

Atores são animais extremamente supersticiosos. Não se deve dizer o nome da "tragédia escocesa", por exemplo [*som de vidro quebrando*], a menos que ela esteja sendo ensaiada ou em cartaz, nem se pode assobiar nas coxias, resquício talvez de uma época em que pesados cenários levadiços eram comandados por um código de assobios entre os maquinistas [*som de assobios*]. Convém polvilhar açúcar desde a rua até a bilheteria na primeira noite, evitar roupas de cor verde nos camarins, jamais desejar boa sorte numa estreia – a lista é interminável. Pois agora é o momento das mandingas e dos sortilégios particulares, dos abraços apertados e votos recíprocos de merda! [*atores se abraçam e se desejam merda. Pétalas de rosa caem sobre OTAVIO*] Esses auspícios trocados, maldições que se tornam bênçãos, obedecem à inversão carnavalesca que está na essência do teatro desde sua mais antiga origem ocidental, os ritos de Dioniso. Fui o último a descer. Ia começar a antepenúltima apresentação em São Paulo de *Boca de Ouro*, primeira montagem que o Oficina jamais fizera do maior dramaturgo brasileiro, Nelson Rodrigues.

Soam os três sinais. OTAVIO volta à imobilidade no mesmo foco anterior. Entram o som e o vídeo do início de Boca de Ouro *na montagem do Teatro Oficina – a peça começa com um ponto de umbanda para São Jorge e Ogum.*

CENA 3

OTAVIO: A primeira cena, que não fazia parte da peça em si, era uma *promenade* dos atores pela faixa central do teatro, como num desfile de escola de samba. Descemos um a um, gingando pela escada em forma de caracol, até o sol de meio-dia que dardejava em todo o corredor do palco. O teatro parece então dourado como o caixão que o Boca de Ouro encomendou, "sem pressa", para seu próprio enterro. O batuque violento, os refletores chamejantes, os giros que cada ator deveria dar conforme o bloco evoluía pela passarela, tudo isso levantava um biombo de luz e som entre mim e o mundo. [*ponto de umbanda para de tocar abruptamente*] Embora ciente de que estava sambando como um dinamarquês, entrava naquilo que Stanislavski chamou de solidão em público, sentindo-me exposto e protegido ao mesmo tempo.

Terminado o desfile, eu deveria disparar por uma escada oculta, dar a volta por trás do teatro e descer pelo lado oposto, onde outro ator [*entra ator com arara*] me esperava para levarmos à cena um cabide de roupa.

ATOR: Arara! [*entra música "Jorge de Capadócia", de Jorge Ben Jor, e ATOR, nu, se banha na fonte do teatro*]

OTAVIO: No centro, Marcelo Drummond, que fazia o protagonista, já saía nu da fonte d'água que existe junto a uma das paredes de tijolo do Oficina, para que nós o vestíssemos, seguindo uma coreografia musicada que eu ensaiara uma só vez [*saem música e arara*]. Cheguei espavorido ao outro lado.

Essa entrada era das que mais me preocupavam, não só pela coordenação que exigia, como pelo fato de que a rampa que leva ao centro do palco ficava molhada e escorregadia. Numa advertência de Dioniso, o salto do meu sapato descolara meia hora antes do espetáculo. Minha amiga Lenise, fotógrafa e anjo da guarda do teatro, que tinha me dado a honra de atuar como minha camareira, saiu atrás de cola e deu o jeito que pôde ao sapato. Tinha sido aconselhado a passar breu nas solas, mas me esqueci completamente. Agora tinha de descer a rampa molhada aos saltos, empunhar no centro da cena o revólver que trazia na cinta e voltar correndo sem quebrar nenhuma perna, entregando a arma com uma reverência nas mãos de Marcelo, já paramentado para a primeira cena [*ATOR tira arma da mão de OTAVIO*]. Feita essa contrarregragem aos trancos e barrancos, subi à sala de som, abaixo do mezanino, onde cheguei pedindo uma tenda de oxigênio. Acendi um cigarro; lá deveria esperar a deixa para a entrada de meu personagem, o repórter Caveirinha [*sons da primeira cena de* Boca de Ouro].

Todos aplaudem junto com o fim da gravação, que também tem aplausos. OTAVIO sobe em um palquinho para a cena seguinte.

CENA 4

OTAVIO: Mas minha verdadeira estreia no palco ocorrera trinta anos antes, no hamletiano *Pluft, o fantasminha*, clássico para crianças de Maria Clara Machado. Minha irmã Lena, que sempre foi um dínamo de ideias e entusiasmos, havia recrutado entre adolescentes do bairro uma companhia de teatro que ela dirigia com pulso. Efêmera como quase toda companhia teatral, a Maria Helena Produções levou algumas peças a plateias de crianças, que em sua inexperiência não identificavam nosso doloroso, mas disciplinado, amadorismo. Em *Pluft*, fiz o pirata Perna-de-Pau.

"Perna" é um personagem que oferece possibilidades ao ator ambicioso. Sendo o vilão da peça, cabem-lhe vários bifes (a primeira gíria teatral que aprendi e que ouviria tantas vezes mais tarde sobre minhas próprias peças), solilóquios durante os quais ele tem ocasião de pregar belos sustos em sua impressionável plateia. Como bom pirata, Perna é um tipo malcriado, violento e sensual, capaz de induzir as crianças a um frenesi catártico tal como queria Aristóteles. Após sequestrar a heroína [*ATRIZ faz o papel de Maribel, a heroína*], que ele mantém amordaçada e amarrada numa cadeira diante da plateia, o monstro discorre, como já era hábito dos vilões desde a época de Shakespeare, sobre as perfídias que pretende praticar a seguir, numa cena que terá feito a alvorada do sadomasoquismo em mais de um espectadorzinho. Depois dos aplausos, descemos do palco para distribuir chocolate entre as crianças e fiquei surpreso ao constatar que muitas delas fugiam aterrorizadas de mim, um garoto de treze anos que decerto viam como um gigante de barba e botas.

Todos os atores entram com três-tabelas e sentam na pista do teatro para assistir às peças citadas a seguir. Câmera ao vivo projeta OTAVIO em perspectiva infinita.

Logo eu estava grande o bastante para frequentar o teatro adulto. Entendia que o palco é onde a humanidade se reúne para falar de seus problemas mais graves, suas fraquezas mais inconfessáveis, seus exemplos mais terríveis, o único lugar em que a vida deve ser apresentada sem disfarces nem escrúpulos. Vi *Tango*, de Mrozek, e a montagem de Antunes Filho para o *Peer Gynt*, de Ibsen. Nesta última, as grandiosas peregrinações do protagonista cabiam num palco acanhado, por onde desfilavam mares, montanhas, províncias inteiras. *Tango* oprime o mundo no diagrama obsessivo de uma família e foi a primeira vez que percebi como era possível "inventar" a realidade. Após ver essas duas peças, decidi que me interessaria pelo teatro. Menciono essas e outras reminiscências, que não têm importância, exceto para mim, porque elas vieram à tona o tempo todo na semana em que me preparava para fazer o Caveirinha, do Zé Celso. Tive o privilégio, tão próprio do teatro, de vivê-las de novo, como se voltasse a ser o adolescente que reconhecia o cheiro de veludo mofado dos camarins, que outra vez decorava as falas do Capitão Perna-de-Pau, como se o que acontecia agora já tivesse acontecido em algum estado paralelo, onírico ou imaginário.

Atores saem da pista.

CENA 5

OTAVIO: [*no camarim, abre o texto*] A primeira preocupação do leigo é decorar o texto. Parece simplesmente impossível sabê-lo de cor, e é aterrador como ainda ocorrem brancos e erros ao repassar as falas na própria tarde da estreia. Os atores recomendam, por isso, "esquecer" o texto nas horas que antecedem o espetáculo, deixá-lo "descansar" no cérebro. Ao decorar as falas do repórter Caveirinha, tive vergonha de ter obrigado os atores que encenaram as peças que escrevi a decorar falas de minha autoria, não só porque eram tão piores que as de Nelson Rodrigues, mas por ter compreendido enfim a responsabilidade implicada no fato de alguém saber de cor palavras que você próprio, tendo-as escrito, não sabe. Passei a valorizar cada frase e detestar autores que, como eu, as desperdiçavam como estroinas que, depois de esbanjar, mandassem a conta para os atores.

OTAVIO esquece o texto; ATOR dá o começo do texto seguinte.

OTAVIO: Mas decorar o texto, você logo vê, não é nada. Será preciso reaprendê-lo quando começam os ensaios e você tem de articular o nível verbal com vários outros níveis que nunca lhe ocorreu coordenar de modo consciente fora do palco. Existem os espaços relativos entre objetos, os outros atores e a plateia, existe a sua atitude corporal (só ela um capítulo inteiro, em que você tem ganas de jogar seu corpo no lixo por não saber o que fazer com ele), e existe o cerne diáfano da arte de atuar, que é o nexo problemático entre o que você sente, pensa e expressa em cena. Não há modo objetivo de avaliar a qualidade desse nexo, que todas as técnicas e escolas de interpretação tentam fomentar à sua maneira. Tive a sorte de preparar o texto com uma brilhante atriz, Mika Lins, e fazer um ensaio doméstico com ela e outra atriz. O tempo era pouco, minha inexperiência era imensa, e elas optaram por um tratamento de choque. Durante uma madrugada inteira fiz e refiz as cenas de que participaria, sendo criticado todas as vezes: "Errou o texto! Está duro demais! Que é isso? Está gritando! Calma, aonde vai com essa correria? O quê? Não dá pra ouvir nada! O que foi que você disse? De novo, volta, errou o texto outra vez. Olha pra parede, não finge que olha, olha de verdade!" Este último ponto era muito realçado por elas, que repetiam uma tão famosa quanto desconcertante ordem de Antunes para seus atores: "Pelo amor de Deus, não interpretem!" Eu achava que entendia cada recomendação, mas juntá-las parecia contraditório, além de impraticável. Elas pediam que eu fosse o personagem e não fosse, que atuasse sem atuar, que fingisse, sendo. No fundo, começava a viver na própria pele aquilo que Diderot, num ensaio famoso, chamou de "Paradoxo sobre o comediante".

Entra áudio de narração de Otavio Frias Filho.

"Em resumo, o filósofo diz que a arte de representar é uma técnica que estuda as aparências da emoção com a finalidade de replicá-las de maneira automática, mecânica, igual a si mesma em cada performance. Nas palavras de Diderot, 'as lágrimas do comediante lhe descem de seu cérebro; as do homem sensível lhe sobem do coração'. Stanislavski, um século depois, acreditava ter decifrado essa técnica intuitiva, convertendo-a num aprendizado. Por meio de associações de ideias, era possível despertar emoções semelhantes às do personagem, efetivamente experimentadas pelo ator em sua vida fora do palco, e insuflar essa energia emprestada nas formas mortas do texto e da atuação, dando-lhes vida fresca a cada noite, quase como se fosse a primeira e verdadeira vez."

OTAVIO: Saí arrasado do ensaio com as duas atrizes, mais confuso e inseguro do que antes, visualizando dificuldades que avultavam como cordilheiras, sem saber por onde começar a juntar os cacos do que fora um dia a minha personalidade. Precisava ser expressivo sem "cantar", autêntico sem ser desleixado, natural sem ser eu mesmo, movimentar-me sem exageros, ser fluente sem ser apressado, ter gestos precisos sem ser estereotipados, ser audível sem gritar – e assim por diante, numa série interminável de isso sem aquilo que ecoava as instruções de Hamlet despejadas sobre a trupe de atores prestes a fazer a cena da "peça dentro da peça".

Compreendi pela primeira vez a necessidade do até então absurdo ritual das repetições nos ensaios, a que eu assistira tantas vezes, horas e horas em que uma partícula de cena, algo que ocuparia alguns poucos minutos no espetáculo, era reproduzida à exaustão até perder todo o seu sentido intrínseco, convertendo-se num mantra. É essa impregnação maciça que permite ao personagem renascer, mutilado ou engrandecido, medíocre ou sublime, no corpo do ator. Sacudido pelas críticas, tendo amaciado o texto depois de dizê-lo tantas vezes, de maneira séria, exagerada, contida, cômica, efeminada, com sotaques estrangeiros, imitando a dicção de Paulo Francis, eu finalmente começava a me sentir à vontade no papel, como gostam de dizer os atores. Estava preparado para ensaiar no teatro.

Acende a luz de ensaio; OTAVIO tira o paletó.

CENA 6

OTAVIO: [*em clima de ensaio com os outros atores*] Além de cansativo, ensaiar pode ser embaraçoso: sem figurinos, sem luz, sem música, sem os artifícios da chamada magia do teatro, o sentimento do ridículo, que espreita a todo momento, encontra terreno para prosperar [*fim do clima de ensaio; OTAVIO pega o paletó de volta e pisa na pista central*]. Na primeira vez em que pisei na "língua escarlate" que recobria o piso do teatro durante essa temporada pude ouvir meus passos no recinto vazio e enorme. A sensação de que você e sua capacidade vocal são pequenos demais para a tarefa é acachapante. Uma coisa é atuar (ou achar que está atuando) na naturalidade da voz normal falada, outra coisa é fazê-lo de modo que suas sílabas sejam audíveis por centenas de pessoas dispersas por todos os lados. Eu me sentia profanando o silêncio de uma catedral com minha voz inepta.

Três dias antes de minha estreia, tive meu único ensaio com o famoso diretor.

ATOR: [*representando o diretor, gritando*] Silêncio!

OTAVIO: Existe no teatro uma instituição que são as reuniões após os ensaios [*todos se posicionam em roda, de mau humor, para a reunião*]. Ao chegar a um ensaio, deve-se entrar sempre pé ante pé, pois um dos atores, gente suscetível por direito adquirido, pode explodir diante do menor ruído ou interrupção, às vezes simples cumprimentos, que devem ser terminantemente evitados enquanto houver alguém ensaiando. As reuniões são oportunidades ainda mais perigosas, pois ali ocorrem as cobranças, as brigas se tornam públicas, alianças são reconfirmadas, uns jogam responsabilidades sobre outros e todos falam mal da produção, lava-se, enfim, a roupa suja, e os ânimos podem ficar exaltados. A pessoa de fora do círculo que por acaso entra nesse momento atrai descargas de fúria como um para-raios. Se for sensível, ela desenvolve depressa um olho clínico para perceber num relance como está o "clima" e quem foi o pivô da crise do dia, pois crises ocorrem quase todos os dias, aumentando de intensidade na proporção em que o dinheiro da produção se vaporizar, antes da estreia, e que a bilheteria cair, depois.

Fiz as cenas com os demais atores e a seguir houve uma dessas reuniões, em que o diretor criticou cada desempenho. Ele, que sempre fez questão de não me mimar, ao chegar a minha vez desatou em críticas que culminaram na ameaça de que, se fosse para me preservar, se fosse para não "cair no barraco", era melhor que ficasse fora da montagem. Súbita, inesperadamente minha presença parecia inviabilizar o espetáculo. Houve um silêncio de expectativa, e logo outros atores secundaram as críticas, até o pipoqueiro em frente ao Oficina parecia ter reparos à minha performance. Poucos momentos foram humilhantes como aquele. Concordei em silêncio com todas as objeções e me levantei espumando, os olhos marejados de raiva, quando o diretor determinou que as cenas fossem refeitas mais uma vez [*saem todos*]. Passava das duas da manhã. Ele queria engajamento, de modo que me atirei à cena como um possesso, distribuindo sopapos a torto e a direito sobre os atores, os quais, liberados pela crítica do encenador, também me agrediram aos tapas e empurrões, e assim quebrei a redoma da fisicalidade que é algo como a barreira do som no Oficina. Estreei na noite de 20 de abril de 2000, uma quinta-feira.

Foco em OTAVIO. Soam três sinais.

Em seguida, entra o áudio do ponto de umbanda do início de Boca de Ouro.

CENA 7

O ponto de umbanda é interrompido abruptamente; entra áudio de Otavio Frias Filho:

"Interessado em sabotar as convenções teatrais e abalar a divisória que separa vida e teatro, Zé Celso sempre estimulou leigos a fazer algum papel em cena, de preferência semelhante ao que estão acostumados a desempenhar fora dela. Num de seus famosos happenings, compeliu Paulo Maluf a ler um trecho do papel de Penteu, em *As bacantes*, de Eurípedes. A performance do político populista mereceu a aprovação do diretor e ator, que em outra ocasião declarara à imprensa seu propósito de manter, no interesse do teatro, uma conversa entre profissionais com Maluf, 'de palhaço para palhaço'. Eu pensava em fazer algum papel com menos falas; foi Zé Celso quem sugeriu o do narrador da peça."

OTAVIO: Não me recordo com nitidez do momento em que entrei em cena, estava convulsionado demais para fixar um registro metódico. Lembro-me do silêncio, um silêncio perturbador preenchido por centenas de pares de olhos que não se veem em meio ao ofuscamento dos refletores, e no qual você ouve sua voz ressoar entre os ossos da própria cabeça. Comecei a entender que o ator tem uma consciência interna que incorpora uma multidão de detalhes: você se dá conta de que as falas estão se sucedendo, nota certos atrasos e inflexões, calcula o momento seguinte, registra pequenos erros. Tinha em mente uma recomendação que foi providencial, a de prestar a máxima atenção ao que os outros atores dizem, e realmente antagonizá-los. Sob os refletores, compreendi o porquê dessa instrução à medida que o fluxo mental interno, que teimava em divagar, ansioso por fugir à ação, insistia em me conduzir às próximas passagens do texto e até bem mais longe, a ponto de quase ter perdido o fio do que estava ocorrendo em cena quando minha deixa chegava com a brutalidade de um coice. Isso ficou nítido logo na minha primeira cena, quando por um triz não aconteceu o acidente que eu temia.

Dois atores e uma atriz interpretam Dona Guigui, o marido e o fotógrafo, personagens de Boca de Ouro.

OTAVIO: O fotógrafo e eu tentávamos persuadir Dona Guigui a falar sobre Boca de Ouro, em frente à casa dela e contra as advertências de seu corpulento marido. Era o começo do "barraco" a que o diretor se referia no ensaio, e havia um momento em que, para evitar que ela entrasse em casa, eu subia alguns degraus e me interpunha entre Sylvia-Guigui e a escada, de onde ela me empurrava ao passar, para que o marido em seguida me arrancasse dali pelos colarinhos. Ao ser empurrado, eu me agarrava, nos ensaios, a um cano de metal que havia na parede. Esse cano desapareceu naquela noite. Eu devia estar mais adiantado do que de costume, mas o fato é que me lembro de dar braçadas no ar, perdendo lentamente o equilíbrio, e nada de o cano aparecer. O instante durou o tempo necessário para que eu examinasse minhas escassas alternativas e concluísse que, ou bem minha mão agarraria logo alguma coisa que houvesse no caminho, ou eu me estatelaria de uma altura considerável de costas no chão. Uma quina no corrimão da escada me salvou quando parecia que meus longos segundos tinham se escoado. Não sei se isso deve ou não ser combatido pelo bom ator, mas em cena ele sempre é uma pessoa dividida em duas, a que é o personagem e que o público vê, e a que tem consciência de um mundo íntimo, vedado ao personagem e ao público.

Será que essa duplicidade desaparece naqueles momentos fortuitos em que o intérprete entra em comunhão profunda e transitória com seu personagem? Esses enigmas da psicologia do ator se colocaram pela primeira vez claramente para mim dez anos antes, num ensaio para uma leitura pública de minha peça *Tutankáton*, dirigida por Gabriel Villela, quando vi Bete Coelho entrar no que os atores chamam de choro técnico em cerca de trinta segundos. Aquelas lágrimas desciam-lhe do cérebro ou lhe subiam do coração? Deveria ficar lisonjeado, como autor principiante e cheio de fantasias, não fosse o fato de que ela ainda não sabia direito o texto que a levara ao pranto, pulava pedaços e enrolava outros, só faltava pedir um sanduíche num aparte.

Entra projeção de trecho de Um processo, *de Gerald Thomas, e áudio de Otavio Frias Filho:*

"Conheci essa atriz nas primeiras montagens do diretor Gerald Thomas, em São Paulo. Aqueles espetáculos memoráveis, sugerindo que os mistérios do teatro não eram terreno esgotado, foram consequência da parceria entre o diretor, a atriz e a cenógrafa e também autora Daniela Thomas.

Assisti a *Um processo* e continuei indo nas noites seguintes ao mesmo teatro me esgueirando como uma sombra para rever o espetáculo desde a plateia elevada, que ficava vazia e onde eu não era percebido."

CENA 8

Som da peça Boca de Ouro: *"Dona Guigui: Pra usar de franqueza, e que meu marido não me ouça, era homem ali, como mulher gosta, machão."*

OTAVIO: Na minha terceira aparição em cena, Dona Guigui passava a exaltar os atributos viris de Boca de Ouro. Seguindo as marcas do diretor, que durante o espetáculo são executadas sempre com mais entusiasmo que nos ensaios, Sylvia arrancou o bloco de anotações de minhas mãos e o esfregou com volúpia entre as próprias pernas, requebrando. Ela ficava perto o bastante para que eu sentisse as cálidas ondas de perfume que seu corpo exalava junto com a transpiração e pudesse ver gotículas brilhando nos poros da pele de sua barriga, que se contraía como uma sanfona ao expelir o ar de cada fala. O teatro é uma experiência física que tem uma poderosa conotação sexual: pode ou não envolver texto, música, pensamento, arte, mas não prescinde da materialidade dos corpos em movimento, corpos que transpiram, que se tocam, mudam de roupa, tomam banho. Um dos aprendizados que o teatro propicia é a consciência de quanto nossos corpos são negligenciados, esquecidos, anulados nessa amputação dos sentidos a que chamamos "vida real". Naquelas semanas, foi como se um continente antes invisível se apresentasse para mim na plena exuberância de suas surpresas exóticas, só que os acidentes geográficos eram tons de voz, posições de mão, jeitos de andar e se sentar, pausas, olhares, interjeições – modos de o corpo preencher seu espaço no éter que não me cansava de descobrir em mim mesmo e nas pessoas com quem me encontrava, temendo consumir, nesse estudo, minha pouca espontaneidade.

E, no entanto, o teatro realiza também uma espécie de transfiguração do corpo, um fenômeno que na sua forma mais alta pode significar a superação do tempo e que, na forma mais vulgar, assume o aspecto idealizado da aura que envolve a diva.

Entra áudio da atriz Giulia Gam e o mesmo texto é projetado estourado. ATRIZ se despe no camarim, enquanto outras duas atrizes estão em seus camarins:

"Essas ideias são de Kierkegaard, que escreveu sobre o caso dramático de uma atriz contemporânea sua. Ainda jovem, ela se destacara como a mais encantadora Julieta que Copenhague já vira em cena, tendo os críticos ressaltado a perfeição com que o ímpeto despertado pelo amor na adolescente até ali banal se consubstanciava na juventude inflamada da atriz. Anos depois, já uma respeitada diva, ela voltou a fazer a mesma personagem, para ser flagelada pela crítica e escorraçada pelo público, pois se achava que não tinha mais idade para o papel, o que não chegou a lhe custar a vida, mas a carreira. O ensaio de Kierkegaard é o elogio dessa segunda Julieta, na qual o amanhecer da fecundidade se emancipara enfim das vicissitudes do corpo da intérprete e esta alcançara um plano superior de realização artística, capaz de transcender a passagem do tempo."

OTAVIO: Para a maioria dos mortais, porém, o teatro reveste as atrizes de uma sedução mundana e noturna, cintilante e inatingível, que se derrama pelo ambiente inteiro como se fossem ondas radioativas tão logo uma delas entra no recinto, e muitas vezes me vi percorrendo portas de teatro, remanchando pelos camarins, fazendo hora até o fim de algum ensaio na busca vã de uma dessas quimeras.

Entra música "69 année érotique", de Serge Gainsbourg; ATRIZ atravessa a pista do teatro, nua, provocando OTAVIO.

CENA 9

OTAVIO se movimenta pelos corredores do Teatro Oficina e há projeções em vídeo de seus bastidores. Ao mesmo tempo, ATOR travestido faz uma cena com outro ATOR.

OTAVIO: Associei às casas de espetáculo do Centro do Rio, que frequentei com a atriz Giulia Gam, a miragem de que o teatro é apenas a face visível de um submundo misterioso que começa nos camarins e se ramifica num labirinto de depósitos, alçapões, escadarias e passagens secretas que, por sua vez, conduzem a vielas mal iluminadas e fantasmas de velhos edifícios em redor de armazéns abandonados no cais. Uma vez, o cabeleireiro de Giulia na montagem de *Otelo* convidou o grupo para uma apresentação em certa gafieira da Lapa, onde diversos amadores fariam a versão *cover* de divas e cantoras do passado: Emilinha, Marlene etc. O lugar era desses em que, por trás de uma portinhola que parece mal-assombrada, fervilha um formigueiro humano que se comprimia, no caso, dentro de um salão pequeno e comprido, no fundo do qual resplandeciam, em meio à fumaça luminosa de cigarros, os paetês de um palco estreito como o de um navio. Conforme meus olhos foram se acostumando às trevas, notei que praticamente só havia homens no recinto, tipos populares em que eu julgava discernir um motorista de táxi, um dono de boteco, um porteiro de prédio, muitos deles cinquentões ostentando respeitáveis barrigas, e que esses homens formavam duplas, e que essas duplas trocavam carícias como os adolescentes de Verona. É sabido que a transgressão gera suas formas de disciplina: nunca vi casais que se amassem com tanta candura, nem ambiente tão alegre e amistoso como aquele [*entra música "Patrícia", na versão de Emilinha. O som vai aumentando devagar*]. Tudo brilhou naquela noite, que culminou num *gran finale* em que as atrizes e os travestis, oficiantes do mesmo mistério fugidio das aparências, subiram juntos ao palco para serem consagrados.

Som no máximo vai diminuindo de volume conforme OTAVIO retorna à pista do teatro.

CENA 10

OTAVIO: Na breve experiência de "ator", levei minha autoestima para passear numa montanha-russa em que ela era jogada para cima e para baixo, alternando momentos de vaidade quase demencial com o sentimento de anulação do ego que a vulnerabilidade no palco acarreta. Considero minhas atuações em cena sofríveis. Estive lá, disse as falas, cumpri as marcas, fui audível, mas não cheguei a me revelar um Laurence Olivier.

CENA 11

OTAVIO está no camarim se preparando com duas atrizes. Com ajuda de uma atriz ele tira a roupa de Boca de Ouro e coloca outra que remete a Miroel Silveira, personagem de Cacilda!.

OTAVIO: Um ano depois, eu estava novamente diante do espelho do camarim, tentando consertar minha calamitosa maquiagem. Atores ganham mal e se alimentam mal, dormem tarde, tomam comprimidos – primeiro para vencer a insônia, depois para derrotar o efeito dos primeiros comprimidos –, envolvem-se em confusões financeiras, vivem descomprogados entre um trabalho e outro, estão sempre mudando de camarim, de hotel, de cidade. Sua casa é o tablado, sua família, sempre provisória, é a trupe. Estando mais expostos ao contato íntimo do que os demais seres humanos, eles se apaixonam mais vezes, o que significa que passam mais vezes pelas dores do desamor. Apesar disso, sua profissão é não apenas sagrada, por elevar nossas mentes a um entendimento maior do mundo, mas tão prazerosa que todos os dias pessoas abandonam tudo para se entregar a essa vida que permite "viver" todas as outras.

Desta vez eu estava metido na montagem de *Cacilda!*, peça de autoria do próprio diretor em que figurava um personagem que aparecia apenas numa cena com poucos minutos de duração, o crítico Miroel Silveira. Depois de ser um repórter de porta de delegacia, fui designado para ser agora esse intelectual de Santos, um dos "descobridores" da célebre Cacilda Becker, considerada a maior atriz brasileira de todos os tempos.

Entram imagens da atriz Cacilda Becker em vários trabalhos de acordo com a narrativa.

OTAVIO: Cacilda parece às vezes uma mulher franzina e nervosa, outras vezes uma *vamp* de curvas opulentas, outras vezes, ainda, a esposa de um comendador. Seu rosto mesmo – um magnífico rosto de mulher, com algo de equino no contorno alongado e saliente – nunca se deixa apreender, assumindo formas cambiantes a sugerir uma fisionomia que fosse possível refazer à vontade. Desconfio que a impossibilidade de fixar Cacilda numa só imagem esteja relacionada à sua violenta aptidão camaleônica, que lhe consumia fatias da personalidade e desbaratava até mesmo sua projeção externa, corporal.

Miroel Silveira era um papel aparentemente

muito mais simples que Caveirinha. Tudo o que eu tinha a fazer ao pisar em cena era despejar um bife enquanto caminhava léguas até Cacilda e então permanecer em cena, solene e principalmente mudo, pelos vinte minutos seguintes.

CENA 12

OTAVIO: Tempos depois, Marcelo me arrumou a gravação das cenas. Coloquei a fita no aparelho [*entra projeção de Otavio Frias Filho, em close e câmera lenta, interpretando Miroel*] e vi aparecer um sujeito de terno preto, um corvo de óculos que repetia com ares triunfais um discurso decorado. A câmera se aproxima para o doloroso reconhecimento de que sou eu mesmo quem gesticula como um boneco em amadorística sincronia com as ênfases verbais, quem tenta impostar a voz sem com isso corrigir seu timbre quebradiço, mas conseguindo acrescentar-lhe uma nota a mais de falsidade, quem olha para o antagonista como se implorasse: "Espera um pouco, estou tentando não esquecer minha próxima fala!" Meu nariz pontiagudo, minha nuca decepada, certos esgares desagradáveis no queixo e nos lábios completavam um quadro antipático; eu deveria tentar fazer lago, pensei imediatamente, pois no teatro a vaidade e o vexame são duas faces da mesma moeda. Revi a cena em vergonhosa e confortável solidão, para verificar se não havia em mim algo de relevante que passara despercebido nesses longos anos em que temos convivido intimamente, eu e eu, e começava a me transformar na Cacilda de mim mesmo, incapaz de me reconhecer por trás daquele fantasma ou mesmo de agarrar a bruma de suas aparências. Uma coisa me consolava: oferecia enfim o testemunho que julgava ser uma obrigação particular contraída com o povo do teatro. Aprendi a respeitar e conviver com outras tribos que estudei, em outros guetos que percorri. Embora tenha sido tratado com toda a hospitalidade, tinha consciência, entretanto, de que em seu meio eu estava entre estrangeiros. Aqui era diferente, como se a parte livre da minha alma pertencesse à estirpe dos atores e meu corpo teimasse em ser um filho desajeitado de seu culto milenar. [*ao final,* OTAVIO *se deita no chão do teatro*]

Três sinais – entra o som do ponto de umbanda de Boca de Ouro.

Entra hino do Fluminense com projeção do final de Boca de Ouro. *Todos os atores entram para agradecer.*

FIM.

Março de 2018.

O ensaio "O terceiro sinal", que deu origem a esta adaptação para o teatro, é parte do livro *Queda livre: ensaios de risco* (Companhia das Letras, 2003).

TUTANKÁTON
de **Otavio Frias Filho**

Tutankáton estreou no dia 9 de agosto de 2019, no Sesc Avenida Paulista, em São Paulo.

Direção
Mika Lins

Elenco
Samuel de Assis
Augusto Pompeo
Rogério Brito
Daniel Infantini
Monalisa Silva
Reynaldo Machado

Atriz convidada
Bete Coelho

Colaboradora *stand in*
Amazyles de Almeida

Cenografia
Laura Vinci e Flora Belotti

Iluminação
Caetano Vilela

Figurino
Joana Porto

Música original
Marcelo Pellegrini

Assistência de direção
Daniel Mazzarolo

Produção executivo
Fernando Azevedo

Design
Luciano Angelotti

Fotografia e vídeo
Edson Kumasaka

Coach
Eduardo Estrela

Assistência e operação de luz
Rodrigo Alves

Gravação de mesa
Diego Rocha

Operação de som
Pedro Ricco Noce

Pinturas
Renato Rios

Colaboração figurinos
Rogério Pinto

Costuras
Joana José dos Santos

Maquiagem
Alle Lucas

Fonoaudióloga
Monica Montenegro

Contrarregragem
Umberto David

Produção musical
Surdina

Assessoria de imprensa
Morente Forte

Direção de produção
Dani Angelotti

Idealização e produção
Cubo Produções e Cia. Instável

PERSONAGENS

Uma **VIDENTE**

Um **SACERDOTE DE AMON**

LUPAKISH, general hitita

FEI, juiz da corte

HOREMEB, comandante do exército egípcio

TUTANKÁTON, depois Tutankâmon, rei do Egito

ANKESEN, mulher do rei

O cenário são ruínas no deserto.

A ação se passa na Síria e no vale do Nilo, depois da invenção dos utensílios de ferro, por volta de 1325 a.C.

CENA 1

VIDENTE: [*com os olhos vendados*] Tudo já existiu alguma vez. As épocas se abraçam como as nuvens no céu carregado, confundem-se no gélido vapor que logo será tempestade e tornará a ser a água suave dos rios. Deixai que o espírito do tempo se instale esta noite entre nós, abandonai-vos à sua magia e a seu comando inexorável. Sentireis a brisa de eras distantes e terras remotas, sepultadas quando o mundo ainda não era o mundo, embora girasse como hoje. Um sortilégio vai trazer humanos de volta à vida, para que encenem mais uma vez, diante de nós, o percurso mil vezes repetido, porque não conhecem outro, porque estão condenados a ele. Mas quando as palavras fluírem através de seus corpos, será como se um sopro os pusesse novamente em pé, lhes devolvesse os movimentos, a esperança e até o frescor de suas faces. Considerai então esses antepassados desconhecidos como se eles vissem pela primeira vez a luz do dia; lamentai o seu destino como se ele fosse evitável; compreendei as suas razões como se a fatalidade as comandasse.

CENA 2

Planalto da Síria. Acampamento do exército hitita. Uma tempestade se aproxima.

SACERDOTE: [*ajoelhado*] Os insetos têm sido o meu pão e as poças de lama o meu vinho. Há três anos eu vago pelas colinas da Cananeia, disfarçado nestas roupas de mendigo que não mostram o miserável que de fato sou. Já não tenho medo da minha própria sombra nem vejo em cada pastor um possível espião. Aqui estou diante de ti, general dos hititas, em posição suplicante! O que resta de minhas esperanças está em tuas mãos.

LUPAKISH: Tu, que vês espiões por toda parte, quem me garante que és um sacerdote do deus Amon disfarçado de mendigo e não espião egípcio disfarçado de sacerdote? Explica direito, porque a tua vida está por um fio.

SACERDOTE: Sou sacerdote e sou egípcio. Sei que as tuas tropas, por ordem do rei dos hititas, se exercitam aqui perto, na planície do Orontes, impacientes para transpor o Sinai e avançar sobre o Egito. General Lupakish: se for assim, este será o dia mais feliz da minha desgraçada vida. Ainda que eu fosse hitita como tu e corresse no meu sangue o ódio dos asiáticos contra o meu país, nem assim minha dedicação à vossa causa seria mais completa e a confiança que deves depositar em mim, mais fundada.

LUPAKISH: Renegas a tua pátria? Deves ser algum tipo de foragido, criminoso ou desertor de guerra.

SACERDOTE: Nenhum homem tem pela pátria amor maior do que dedico à minha. É por amá-la tanto que quero ver o seu povo castigado, suas cidades devastadas, seus campos em chamas. A fúria dos deuses não bastou para reconduzir o meu povo à razão; bêbados de loucura, meus compatriotas festejam ao constatar que depois da punição da seca sobreveio a punição da peste, porque a partir daí tudo se tornou permitido. Que os homens terminem então, num inferno de metal e sangue, aquilo que os deuses não foram cruéis o suficiente para concluir.

LUPAKISH: O sol do deserto cozinhou os teus miolos e embaralha as tuas palavras.

SACERDOTE: Sim! O sol, tu conheces antes de saber... O sol nos joga num delírio assassino uns contra os outros, os vivos contra os mortos, o norte contra o sul...

LUPAKISH: [*interrompendo*] É mentira, ou então não sabes que já não há guerra civil entre os egípcios.

SACERDOTE: A guerra continua, mais terrível do que antes, pois agora ela não joga o soldado contra o soldado, mas o filho contra o pai, a mulher contra o marido, a irmã contra o irmão e o governo contra o povo. Os horrores que vi com estes olhos... mães afogando recém nascidos; crianças que atormentam velhos e doentes; homens que praticam orgias com crianças para depois matá-las numa oferenda lasciva aos velhos deuses. Nada respeitam, exceto a peste e, como receiam contraí-la mais dia ou menos dia, consomem o tempo que lhes resta realizando os desejos mais impuros. Sem temer os antigos deuses nem acreditar no novo, estão livres para toda atrocidade.

LUPAKISH: O que descreves está além do que o olhar humano possa tolerar e meus ouvidos crer; bem sei que nos relatos a imaginação trabalha enquanto a verdade é preguiçosa.

SACERDOTE: [*expondo o peito*] Estás vendo estas marcas? Minhas próprias filhas foram obrigadas a escrever no meu peito, com ferro ardente, o nome infame do novo deus. Eu era sacerdote de Amon em Tebas, a Capital, quando o rei criminoso tramou colocar-se acima dos deuses de seus ancestrais. Ordenou que os templos fossem fechados, as inscrições raspadas, e que, no lugar dos símbolos veneráveis de Amon, Ísis, Osíris, Hórus, Anúbis, Set e das duas mil divindades adoradas no Vale do Nilo desde a criação do mundo, fosse impresso o nome único de Aton, o falso.

LUPAKISH: Ouvi falar dessa estranha divindade. Quem é afinal esse deus tão ciumento que não admite repartir os céus com nenhum outro?

SACERDOTE: É invenção da demência de um mortal. Os próprios hereges reconhecem que não tem face e ninguém pode vê-lo. Sem corpo, sem imagem, sem passado, só pode viver se a lembrança dos verdadeiros deuses for arrancada da memória dos homens. Minha família se tornou escrava de sacerdotes impostores, vagabundos e rufiões nomeados às pressas, enquanto eu consegui fugir e atravessar as fronteiras.

LUPAKISH: E o que queres do exército hitita, sacerdote?

SACERDOTE: Que sejais o instrumento da vingança dos deuses. O Grande Criminoso está morto, que a terra lhe seja pesada. Subiu ao trono um jovem adolescente de nome Tutankáton, fraco de caráter, segundo dizem, mas educado na fé herege.

LUPAKISH: [*pensativo*] Triste sina a dos velhos, quando os jovens aderem à usurpação.

SACERDOTE: Nas cidades, porém, o povo está insatisfeito: pede comida e tudo o que lhe entregam são aristocratas para serem executados em praça pública. O sangue corre nas sarjetas. Para se sentir seguro em casa é necessário entregar à polícia, a cada lua, um amigo ou parente. O campo é assolado por desordeiros. Quando o lavrador sai de manhã leva um escudo junto com a enxada. As safras apodrecem por toda a parte. A peste é quem faz a colheita e os mortos são atirados no rio, por não haver tempo nem caixões para enterrá-los. As mulheres se portam como homens e os homens são afeminados como mulheres. Os ricos estão pobres e os pobres estão ricos; mas apesar da opulência exclamam: "se ao menos tivéssemos alguma coisa para comer!" As mães prostituem as filhas, os filhos delatam os pais. Furiosa, a multidão incendeia casas e maldiz a heresia.

LUPAKISH: Tu conheces não só a terra, mas o coração do inimigo. Antes da batalha já trazes um ferimento no peito. Levanta, serás o guia do exército hitita.

SACERDOTE: [*levantando-se*] Amon seja louvado e derrame sua bênção sobre as tuas tropas!

LUPAKISH: Quero que me contes tudo o que sabes a respeito do novo rei, o estado de seus exércitos e seus pontos vulneráveis.

SACERDOTE: Tenho amigos em todo o Vale do Nilo. Fingiram abraçar o sacrilégio, mas no segredo de suas casas o doce nome dos antigos deuses é sussurrado com mais fervor do que nunca. Têm confiança de que o oráculo de Osíris será cumprido.

LUPAKISH: O que diz o oráculo?

SACERDOTE: Pouco antes de seu templo ser arrasado, as sacerdotisas de Osíris previram que a seca e a peste se abateriam sobre o país, e que o pesadelo só teria fim com a extinção da casa real que traiu seus antepassados. Os amigos de que falo guardam com eles esse oráculo. Espalhados ao longo do Vale, serão informantes de teu exército a respeito de tudo o que se passa.

LUPAKISH: Despacharei emissários aos locais que indicares.

SACERDOTE: General, quis a divindade que um asiático devolvesse o país dos egípcios aos deuses egípcios. [*beija as mãos de LUPAKISH*] A harmonia frágil do mundo está entre tuas mãos. Mas é preciso que te apresses. Está para eclodir uma revolta geral contra a tirania de Aton. Deves agir antes que seja abortada.

LUPAKISH: Por ora minha missão é pacificar estes planaltos da Palestina. Meu rei não deseja iniciar a expedição contra o jovem faraó sem que tenhamos formado antes uma coalizão aqui. Para isso, é preciso persuadir o rei de Canaã, aliado dos egípcios, e firmar a paz entre os príncipes de Meguido e de Jerusalém.

SACERDOTE: Nos dias que correm, toda prudência é arriscada.

LUPAKISH: Quem decide são os políticos e diplomatas. Bem sei que esses homens sibilantes às vezes causam mais dano que vantagem, fabricando guerras que se poderiam evitar ou protelando outras que, por serem inevitáveis, tornam-se ainda mais funestas pela demora. Não me agrada tampouco o que se passa em teu país: aquele que derruba os deuses vira o mundo de cabeça para baixo, e eu detestaria ver a desordem e o crime se disseminarem, como praga, pela Ásia. Por isso mesmo me conduzo no amor da disciplina, à espera das instruções do meu soberano – para mim, basta saber que sempre foi assim para fazer votos de que sempre será.

CENA 3

Alojamentos da corte no Vale dos Reis, na margem esquerda do Nilo. Na margem direita, a pouca distância, está Tebas.

FEI: Não procures obstruir o caminho das águas, deixa que elas escoem naturalmente. Verás que, enquanto passas a noite entregue a horríveis preocupações, o torvelinho se desfaz e de manhã tudo ressurge simples e desimpedido.

HOREMEB: Pois acho que já passou tempo demais e cada manhã nasce mais sombria do que a anterior.

FEI: Estão prontos os decretos das novas execuções?

HOREMEB: Trouxe-os comigo, falta apenas o selo do rei. A maior parte das ordens não poderá ser cumprida: os culpados se refugiaram nos lugares santos, onde as leis do asilo proíbem meus soldados de entrar. De que adianta tu, como juiz da corte, condenares os arruaceiros à morte se estou impedido pelo próprio rei de fazer cumprir a pena? Melhor não punir do que expedir sentenças de morte que não se realizam. Quando a multidão se faz de corajosa é que o governo se tornou covarde.

FEI: Diz o ditado antigo que justo é o que o rei ama, injusto o que ele detesta. Não te preocupes, general Horemeb: o espírito de Aton inspira e conduz o jovem rei, assim como fazia com seu antecessor, o "Grande Criminoso".

HOREMEB: Juiz Fei, usas a linguagem dos revoltosos para se referir ao velho faraó, mas as tuas brincadeiras em nada me tranquilizam. Tremo ao pensar na tempestade que se avoluma sobre a tua cabeça e a minha. Se cada ato de justiça converter-se amanhã em crime, assim como os poderosos de ontem estão hoje acorrentados à espera da morte, então nem a água toda do Nilo lavará nossas mãos e não teremos vida imortal o bastante para pagar o que devemos.

FEI: Não faz mal que a multidão dirija a sua fúria contra o rei morto enquanto suas esperanças se voltam para o vivo.

HOREMEB: E o que faz Tutankáton aqui, neste deserto onde só vivem os mortos? Por que não atravessa o rio de volta a Tebas, por que não fala ao povo a fim de lhe dar uma direção firme e se põe à frente do seu exército? Na Capital correm rumores de que o rei está doente.

FEI: O rei está bem, general. Recolheu-se aqui, na margem esquerda do Nilo onde jazem seus antepassados, a fim de se aconselhar com Aton e conhecer a palavra divina, que não se escuta em meio ao tumulto que agita Tebas.

HOREMEB: Tenho notícias do norte.

FEI: Os piratas voltaram a agir no Delta, e os exilados negociam em ouro o apoio dos príncipes da Síria para a conspiração.

HOREMEB: Mais do que isso. Os hititas reuniram cinquenta mil homens no Vale do Orontes. O príncipe de Canaã escreveu para informar que sua cidade está sitiada. Deves falar ao rei, juiz, tuas palavras valem quase tanto como se quem lhe falasse fosse o velho faraó em pessoa. É urgente reforçar as defesas do Sinai e lançar um novo recrutamento. A indisciplina começa a grassar no exército. Quando se altera a ordem natural do mundo, é toda uma sequência de desgraças que se desencadeia; e até os elementos, perturbados na sua paz celestial, urram como um leão ferido.

FEI: Os hititas nada farão enquanto não se sentirem fortes o bastante para atacar. De toda forma, penso que a guerra não será vencida no Sinai ou no Delta, mas em nossa própria casa. As divisões entre os egípcios é que atraem esses visitantes inoportunos.

HOREMEB: Não consigo dormir ao pensar que do outro lado do Sinai o chão treme sob os passos de um exército que se aproxima. É preciso tomar uma decisão, qualquer que seja.

FEI: [*com impaciência*] O que queres dizer com tomar uma decisão? Não se planeja tomar uma decisão: toma-se sem saber bem o porquê e mesmo a mais arbitrária das decisões, embora fosse evitável, depois de adotada revela-se eterna, estava escrita no livro de todos os tempos. Não comandamos nossas decisões, mas somos comandados por elas. Por isso, meu amigo, quem reflete com cautela e age com decisão ou é louco ou é tolo, ao passo que o outro, que se deixa abandonar ao livre domínio das decisões que se tomam por si mesmas, esse é o verdadeiro sábio.

HOREMEB: Não tenho gosto, juiz, pelas tuas filosofias obscuras. Mas se compreendi direito, nada pretendes fazer enquanto o rei adolescente divaga no deserto e a terra fica indefesa, à mercê do inimigo?

FEI: Não. [*pausa curta*] Apesar das minhas opiniões, não posso abandonar o hábito de toda uma vida e na realidade elaborei um plano sutil, mas de efeito certeiro.

HOREMEB: Fala, se é algo que um homem possa comunicar a outro sem vergonha nem para quem fala nem para quem escuta.

FEI: Ouve e guarda segredo; não pretendia revelá-lo a ninguém e, se faço isso agora, é somente para que te acalmes e verifiques que nem tudo está perdido.

HOREMEB: Assim espero.

FEI: Quando o velho faraó declarou que apenas Aton era verdadeiro, a multidão atendeu com entusiasmo ao apelo do rei – ele ainda não era o "Grande Criminoso" – e atirou-se à destruição dos templos. Já é hora de os mortos não mais tirarem a comida da boca dos vivos, diziam. Os sacrifícios foram suspensos. As imagens de ouro que escaparam à pilhagem foram derretidas e com o leilão do metal compraram-se mercadorias para distribuição entre os pobres. As terras do clero foram tomadas pela coroa, os proprietários que não buscaram exílio foram justiçados.

HOREMEB: Essas imagens estão vivas na minha memória como se fosse ontem.

FEI: Uma divindade, porém, escapou ilesa. Era tão antiga que os homens não se recordavam do seu nome; tão esquecida que nenhum templo lhe era dedicado. Não dispunha de fiéis e se continuava viva era graças às oferendas que uma vidente, sua sacerdotisa, ainda lhe fazia. A vidente foi denunciada e presa. Disseram-lhe: "Tu, que alegas ver o que nenhum mortal pode enxergar, não precisas desses dois" – e arrancaram seus olhos. Nada provava a sua culpa, a não ser um pequeno amuleto de prata com a efígie daquela divindade primitiva de quem os séculos roubaram o nome. Ao que parece, o amuleto não derreteu por mais que se atulhassem de lenha as fornalhas. Por superstição, a mulher foi solta e nunca mais a molestaram, mas antes de partir ela bradou uma profecia cheia de maus agouros.

HOREMEB: Como o oráculo de Osíris!

FEI: Sim, a vidente lançou as mesmas maldições já vaticinadas pelo oráculo de Osíris, mas, ao passear as órbitas vazias dos olhos pelo tribunal da corte, ela as fixou como duas agulhas de fogo sobre Tutankáton, então uma criança, e previu que o menino seria rei, coisa alarmante porque ele não era mais que o terceiro na linha sucessória. Na linguagem arrevesada das pitonisas, acrescentou que ele seria o menor e o maior dos faraós do Egito, que seu reinado seria o mais nefando e o mais radioso e que – supremo paradoxo! – morreria de morte abjeta e teria sepultura indigna, mas aos olhos da eternidade seu nome resplandeceria, lembrado muito tempo depois de gigantes como Zoser, o primeiro construtor, e Tutmés, o conquistador da Ásia, terem caído no esquecimento.

HOREMEB: Tu, que tanto sabes, diz logo se tais palavras terríveis lhe foram ditadas por algum demônio ou pelo espírito cheio de fel de um corpo insepulto.

FEI: Talvez nem uma coisa nem a outra, meu caro Horemeb. Os antigos não ignoravam que a sutileza dos fluidos femininos predispõe as mulheres a certas perturbações enigmáticas; em meio a convulsões espantosas veem além do que enxergam e ouvem mais do que escutam, expressando, com os olhos injetados de sangue e a boca cheia de espuma, o sentido imperfeito do que assim conseguiram apreender.

HOREMEB: Confesso que até agora o teu plano permanece tão confuso quanto essas visões de mulher.

FEI: Determinei à guarda que varresse o país até encontrar essa vidente e trazê-la aqui. Ela espera em meu gabinete. Pretendo induzi-la a formular outras profecias diante do rei. Tutankáton lhe dará ouvidos, agora que a primeira parte de seus vaticínios se cumpriu de modo impressionante. As novas adivinhações, no entanto, serão ditadas por um aconselhamento enfático, destinado a inculcar no soberano a ideia de conciliar a religião nova com a antiga e acertar com os hititas uma paz duradoura. Tutankáton é um rapaz devoto, somente um remédio da fé poderá curá-lo dos terrores que o paralisam.

HOREMEB: E se a vidente recusar teu estratagema?

FEI: O ouro, o ferro ou a peste: um desses conselheiros haverá de persuadi-la.

HOREMEB: E se Tutankáton não quiser vê-la? As profecias que relataste devem ter marcado sua alma infantil com feridas que o fustigam até hoje.

FEI: É disso que tratarei agora. A bela Ankesen navega vindo de Mênfis e não demora a chegar; traz com ela os dois filhinhos do rei. É melhor preparar o espírito de Tutankáton antes que ele se encontre com a esposa. Temo as mulheres virtuosas e de língua cortante – especialmente Ankesen, que detesta os velhos deuses mais que a própria morte.

HOREMEB: Apressa-te então e boa sorte.

FEI: Os decretos da pena capital. Vou levá-los ao rei.

HOREMEB: [*enquanto entrega os documentos a FEI*] Leva também a correspondência do pobre príncipe que os hititas mantêm sitiado em Canaã. Quem sabe as más notícias sacudam Tutankáton do torpor que lhe turva a razão, enquanto a coroa estremece sobre a sua cabeça e o chão sob os seus pés.

FEI sai.

HOREMEB: [*só em cena*] Nada de bom pode resultar quando o homem se julga capaz de substituir a divindade na direção do universo. Esquivando-se em meio a contradições e golpes de esperteza, afirmando ora uma coisa, ora o contrário dessa mesma coisa, quem age assim acaba preso pelo nó que desejava desatar.

CENA 4

O deserto, nas vizinhanças do alojamento da corte.

TUTANKÁTON: [*protocolar, mas irônico*] Feliz é o povo quando seus magistrados dedicam tempo a caminhadas matinais para buscar o que é justo na placidez do deserto. Não esperava vê-lo tão cedo, juiz Fei.

FEI: [*um pouco ofegante*] Salve, filho do Grande Aton, que os céus abençoem a tua saúde. Não me custa encontrar o que é justo: a linha tênue que separa o justo e o injusto separa também o que o meu rei ama e o que detesta.

TUTANKÁTON: E o que o rei ama no dia de hoje, por exemplo?

FEI: Permite, Tutankáton, que um velho como eu tome ar enquanto o seu espírito, tão pesado quanto o seu corpo, atina com a resposta. [*pausa curta*] O rei ama a limpidez do deserto. Antes da revolução empreendida por teu pai, estas imensidões eram domínio de Set, o deus de tudo o que é sujo e estéril, inimigo jurado da raça humana. Agora, o deserto e todas as coisas que a terra exibe e oculta estão sob a guarda impoluta do deus da luz.

TUTANKÁTON: Os antigos acreditavam que na origem dos tempos, quando o mel corria nos rios e o mar era de leite, estas planícies de areia e sal eram mais verdejantes do que o Vale. Os deuses ainda habitavam a terra, que depois abandonaram, desgostosos com a ingratidão dos homens. Sua ausência fez irromper as ambições e se travou então uma guerra tremenda entre os homens e a morte. A batalha final se decidiu aqui no deserto; a morte venceu, e os homens abandonaram o terreno para se refugiar no Vale, onde pagam até hoje o tributo devido ao vencedor. Deixaram no entanto as pirâmides, fortalezas sitiadas, mas nunca conquistadas, onde vive ainda o espírito dos velhos reis.

FEI: Uma bela lenda, sem dúvida. É muito a propósito que falas de fortificações e sítios, pois tenho comigo uma carta do rei de Canaã, que se encontra em situação parecida à dos respeitáveis inquilinos das pirâmides. Vou quebrar o lacre e ler o conteúdo para ti; parece tratar-se de notícia grave.

TUTANKÁTON: Lê, embora eu já receie pelo pior. O homem perdeu a medida do próprio homem e tateia em vão, às cegas.

FEI: [*quebra o lacre e lê*] "O rei de Canaã assim fala ao rei do Egito: há meses tenho pedido o teu auxílio, mas tu não vieste em meu socorro. Agora o general hitita reuniu carruagens e homens para ocupar Canaã. O inimigo está em meus portões. Amanhã entrarão para matar-me e atirar meu corpo aos cães. Bela recompensa merecem do rei do Egito os seus aliados! [*FEI continua a ler, com desconforto*] Que os deuses façam contigo o que fazes comigo. Mou sangue sobre a tua cabeça, traidor!"

TUTANKÁTON: Ah, Grande Aton, por que não pões logo um fim a tudo isso? Por toda a terra os homens morrem como moscas e os que vivem já não parecem homens, mas demônios. Teus desígnios, porém, são insondáveis, e para mim a desgraça é branda desde que autorizada por ti, deus único e verdadeiro. Tudo aceito com resignação e, se os sinais que tu emites são a peste, a guerra e a incompreensão que faz do amigo um inimigo e o expulsa para fora da linguagem humana, então é porque não existe outro remédio capaz de curar os meus crimes. Mas não te esmeres tanto na punição, pois temo sucumbir e assim, te desobedecendo, frustrar a cura que tanto almejo!

FEI: Meu rei, contém tua exaltação! Estás lívido, parece que não passas bem!

TUTANKÁTON: Vem, meu amigo, e me deixa repousar um pouco no teu ombro; se o mundo está de cabeça para baixo, como dizem, não espanta que o jovem encontre arrimo no velho. [*TUTANKÁTON se apoia em FEI por alguns instantes*] Já estou melhor, o que tenho é uma febre passageira, resultado das noites que não consigo dormir. No silêncio da noite contemplo abismos que me apavoram.

FEI: Trouxe os decretos, mas podes assiná-los mais tarde.

TUTANKÁTON: Sim, poupa-me por enquanto de novas visões de sangue. [*pausa curta*] Tens notícia dos meus filhos?

FEI: Os pequenos gêmeos estarão aqui amanhã.

TUTANKÁTON: E Ankesen?

FEI: A rainha viaja com eles, mas deverá passar uma noite na Cidade de Aton, a fim de fazer suas orações. As crianças virão na frente, como arautos risonhos de sua chegada.

TUTANKÁTON: Que triste nascer numa época tão infeliz. Em minhas preces a Aton, tenho rogado para que exorte Ankesen a nos trazer o conforto de sua palavra santa.

FEI: Assim será. Penso, no entanto, que a oração não é tudo: a divindade sorri para aquele que demonstra fé não apenas nas palavras, mas na ação.

TUTANKÁTON: Percebo no que dizes uma censura ao rei. Atenta para o que acontece com um juiz impertinente: o faraó coloca o tímido acima do presunçoso. Sufoca tua pretensão, porque feliz é o homem que se limita a fazer o que lhe dizem.

FEI: [*inclinando-se*] O conselheiro do rei foge também à sua obrigação se não fala com franqueza ao soberano. Ouve minhas palavras como as de um velho ansioso por te servir com a mesma lealdade que dedicou a teu antecessor e que hoje verga menos sob o peso do passado do que pelas apreensões quanto ao futuro.

TUTANKÁTON: Sei que na tua opinião devemos fazer guerra aos hititas.

FEI: Pelo contrário, meu rei, penso que devemos firmar com eles a paz. Mas o soberano que não admite a hipótese da guerra é justamente aquele condenado a travá-la em seu próprio país; os homens interpretam o amor à paz como temor à luta. Deves conciliar o reino, onde refervem os rancores da religião, e colocar-te à frente do teu povo com vistas a intimidar o inimigo asiático. É a única maneira de obter a paz e debelar as conspirações. Se ela te levar à guerra que tanto detestas, terá sido essa a vontade de Aton e teu destino glorioso, perecer ou vencer em combate.

TUTANKÁTON: Estive uma vez no campo de batalha. Cercado pelos generais, montei meu cavalo e me dirigi à frente do exército. Imagens heroicas giravam no meu coração. No caminho cruzamos com soldados nossos que voltavam mutilados e cobertos de sangue. Uma colina apareceu à nossa frente. Assim que a transpusemos, o cenário da batalha estava diante de nós. Mas não havia batalha. Em meio à balbúrdia de gritos e ordens que ninguém compreendia, soldados fugiam em nossa direção e eram recebidos na retaguarda pelas armas dos companheiros. Os que chegavam até nós estavam feridos mas já não se sabia se pelo inimigo ou pelos nossos, na tentativa de mandá-los à frente de novo. Contemplando o caos em minha volta, compreendi a ilusão da guerra e a criminosa mentira da glória.

FEI: Conheci homens que recuperaram na guerra a dignidade que haviam perdido na paz.

TUTANKÁTON: Atiçado pelo pânico, um homem pratica um desses gestos a que depois dão o nome de bravura. Ninguém o viu. Perto dele outro homem faz um gesto semelhante, porém muito menos estupendo: todos o viram e ele é carregado em triunfo. Mas, ao chegar em casa, seus vizinhos já se esqueceram da temeridade que não presenciaram, e um deles entretém sua mulher nas amenas batalhas do leito que o infeliz desertou. Outro homem, sempre corajoso, vacila no momento decisivo; outro ainda, sempre covarde, salva a vida de todo um batalhão, ao passo que um outro estripa dezenas de inimigos porque não pode conter sua índole de carniceiro. Bravura e covardia são palavras ocas que usamos para designar o mistério dessa diversidade impenetrável, dessa imperfeição do mundo.

FEI: Mas a guerra existe e mais uma vez ela bate às portas do reino.

TUTANKÁTON: Esta guerra não pode ser vencida pelo metal; flechas e lanças não alcançam a divindade, que sofre porque a fé vacila no povo e o governo trai suas promessas. Quando aquele que me tomou como filho se preparava, no leito de morte, para a viagem subterrânea, jurei concluir a construção do grande templo a Aton, mas a obra ainda prossegue, interminável.

FEI: Que podemos fazer, senhor, se operários cheios de superstição se recusam ao trabalho e inimigos da fé sabotam, à noite, os progressos feitos durante o dia?

TUTANKÁTON: Morte, morte para esses desgraçados! Não vês que é por conta de seus crimes que Aton abandonou o país à peste?! Tu, que expedes decretos de morte com a mesma facilidade com a qual respiras – que estás esperando?!

FEI: Para cada bandido que sobe ao cadafalso surgem outros dez dispostos a repetir sua façanha. A punição implacável detém a loucura que há em cada homem, mas quando a loucura se torna epidêmica punir e não punir são lenha igualmente boa para o incêndio.

TUTANKÁTON. Joga mais cadáveres na fogueira, então, e que as cinzas sejam o alicerce de um novo homem.

FEI: Além disso, os templos de Aton estão repletos de foragidos, que blasfemam contra o deus dentro de seu próprio santuário, protegidos pela lei do asilo e imunes ao castigo que merecem.

TUTANKÁTON: Se estão refugiados é porque a tua polícia deixou que se esgueirassem aonde nenhuma mão humana pode atingi-los sem cometer pavoroso pecado. Enquanto isso o espírito de meu pai geme, condenado a vagar no rio da morte pela impiedade de um filho que não deveria ter acolhido, porque é indigno dele.

FEI: Coisa esplêndida é a obediência de um filho, meu rei. Sou testemunha da tua devoção.

TUTANKÁTON: Tu, que te atreves a pôr reparos em minha inação, trata de agir.

FEI: É o que tenho feito, meu senhor. Determinei aos guardas que trouxessem à minha presença certa mulher que prenderam ontem à noite em Tebas. Arrancava os próprios cabelos e desferia golpes no peito enquanto bradava palavras incompreensíveis. De seu discurso desconexo só puderam deduzir que ela tinha uma mensagem para o rei. Ao recebê-la, reconheci a vidente-do-deus-que-não-tem-nome.

TUTANKÁTON: [*num sobressalto*] Tens certeza do que dizes?

FEI: É a mesma mulher. Contive meu ímpeto de matá-la ali mesmo ao lembrar-me de que o reformador teu pai ordenou que não fosse molestada, mesmo depois das profecias infames que saíram de sua boca. Perguntei sobre a mensagem que alega trazer. Ela insiste que só deverá comunicá-la a ti.

TUTANKÁTON: Não quero vê-la nem ouvir falar dela; que meus filhos morram se sua mensagem é verdadeira.

FEI: Meu rei, não deixes que tua ira se volte contra ti. Imploro-te que a ouças, já que se recusa a falar para terceiros. Sei o quanto sua presença te será penosa, mas ao escutá-la estarás prevenindo arrependimentos futuros.

TUTANKÁTON: Devolve essa bruxa ao esgoto lúgubre de onde saiu e aos ratos e aranhas que destilam em seus ouvidos os vitupérios que depois despeja, como jatos de pus, sobre a terra. Volta as tuas energias para apressar a construção do grande templo a Aton, como se disso dependesse a tua vida. Possam os viajantes do futuro apontá-lo em sua majestade de pedra e silêncio para dizer: "Examinai o legado deste rei, ó poderosos da terra, e desesperai." Que todas as maldições caiam sobre mim se ele permanecer inconcluso, que minha língua apodreça, que minha mulher seja obrigada a mendigar em terra estrangeira, que meus filhos contraiam a peste, até! E que as pragas para as quais a língua humana não deu um nome desabem com fragor tremendo sobre mim e minha descendência, caso eu falte com a palavra empenhada. Agora some daqui, já não suporto que olhos de homem me vejam e anseio pela companhia do deserto.

CENA 5

TUTANKÁTON: [*só, no deserto*] Tu te ergues belo no horizonte, Aton adorado, iniciador da vida, quando brilhas ao leste e preenches toda a terra. Tudo então se ilumina: os pássaros alçam voo de seus ninhos, os navios viajam para o norte e para o sul, os peixes saltam diante de tua face. Tudo o que vive freme de alegria em ti e para ti somente. És quem faz o fluido masculino crescer nas mulheres, quem faz a nascente brotar nas montanhas, quem frutifica a terra, dirige os insetos e movimenta as estrelas. Como são múltiplos os teus prodígios e misteriosos aos olhos do homem! Tu, deus único, igual a quem não há outro.

CENA 6

Alojamentos da corte no Vale dos Reis.

SACERDOTE: [*carrega uma sacola no ombro*] Trago uma mensagem do general Lupakish, comandante do exército hitita, para Tutankáton.

HOREMEB: O rei está recolhido com seus filhos. Sou o general Horemeb, mostra tuas credenciais diplomáticas.

SACERDOTE: Tenho pressa de me avistar com o faraó. Aqui tens as credenciais. [*entrega-as a HOREMEB*]

HOREMEB: O rei, e não outro, é quem decide se deverá receber-te. [*enquanto examina credenciais*] Noto que falas a língua da terra e não tens aspecto estrangeiro.

SACERDOTE: Nasci e cresci no Vale do Nilo, mas há muito tempo este país se tornou estrangeiro para mim, não eu para ele.

HOREMEB: Espera, agora te reconheço: eras sacerdote do culto proibido de Tebas! Canalha, como te atreves a pisar aqui, onde um decreto do velho faraó te condenou à morte?!

SACERDOTE: Estou protegido pelas imunidades diplomáticas, senhor; teu exército de celerados, imbatível quando se trata de estuprar mulheres e torturar crianças, nada pode contra mim! Se tocares um fio de meus cabelos, despertarás a ira do rei dos hititas, que até aqui se mostra mais paciente do que é seu hábito! O que trago é um ultimato!

HOREMEB: Não estás na corte de Canaã, aqui não se aceitam ultimatos! Será devolvido conforme o costume asiático: junto com a tua cabeça degolada, cão traidor!

Entra Tutankáton.

TUTANKÁTON: Silêncio! Quem ousa berrar como um beduíno enquanto o rei entretém seus filhos?

HOREMEB: Meu senhor, os hititas fizeram de um renegado o seu embaixador. Eis as credenciais onde seu nome deveria estar escrito com sangue de porco. Este que tens diante de ti, cheio de ares, é procurado em todo o país por delitos contra a religião. Foi sacerdote no templo do pérfido Amon; agora é lacaio de potentados estrangeiros.

SACERDOTE: Egípcios me tratam como inimigo ao passo que estrangeiros se portam como compatriotas.

HOREMEB: És ainda mais repulsivo do que os teus amos asiáticos, que se alimentam de carne impura e dormem no esterco.

SACERDOTE: O que dizes do estrangeiro é o que o estrangeiro diz de ti. Os homens antes de mais nada se odeiam e só então procuram, no formato do crânio e no tom da pele, o pretexto para nutrir esse ódio que arrastam do berço ao túmulo.

HOREMEB faz menção de replicar.

TUTANKÁTON: [*para HOREMEB*] Deixa que fale sem prejulgá-lo. Um leopardo é sempre igual ao outro, um macaco também, e assim todos os animais, menos o homem. Por que o outro homem, sendo igual, é tão diferente e, sendo diferente, tão igual? Eis o que evita a dispersão da humanidade, pois o homem não tolera a presença do seu semelhante, mas é sempre atraído para ela. Este que hoje tu cobres de imprecações poderá amanhã arrancar teu elogio.

SACERDOTE: Tutankáton, tua família desgraçou a minha. Por mais que se diga ter sido um demônio que enfeitiçou teu antecessor, não posso ter simpatia por ti, embora tua sorte não me seja indiferente. És uma criança, mas falas como se já estivesses há mil anos neste mundo de sofrimento.

TUTANKÁTON: Diz logo a tua mensagem. É por especial concessão minha que vives e continuarás incólume enquanto estiveres em meu território.

SACERDOTE: Teu exército foi batido em Amqua, perto do rio Orontes.

TUTANKÁTON: [*para HOREMEB*] Sabes disso, general?

HOREMEB: Temos uma divisão estacionada em Amqua, meu senhor, mas não determinei qualquer ordem de ataque.

SACERDOTE: Os hititas a destroçaram a título de advertência. [*atira a sacola que trazia no ombro aos pés de TUTANKÁTON*] Abre esse saco, encontrarás as mãos do oficial que a comandava e, num de seus dedos intumescidos, o anel de comando. [*HOREMEB recolhe a sacola*] Agora saberás o que exigem os hititas. Em primeiro lugar, deverás recuar tuas tropas para aquém do Sinai. Em segundo, cederás tua marinha de guerra. Em terceiro, terás de pagar um tributo anual ao rei dos hititas. Finalmente, deverás anistiar os exilados e permitir que voltem a Tebas, Mênfis ou qualquer outra cidade egípcia, onde poderão retomar o culto aos antigos deuses. Uma comissão militar fiscalizará teu governo enquanto reinares. Tens dois dias para a resposta.

TUTANKÁTON: Responde que Tutankáton não quer a guerra e está disposto a esquecer a afronta que recebeu em Amqua.

SACERDOTE: E quanto às condições? Devo concluir que as rejeita?

TUTANKÁTON: Providenciarei que uma escolta te conduza até a fronteira que jamais deves cruzar outra vez, sob pena de morte, ainda que carregues as credenciais da divindade contigo. É o soberano do Egito, filho de Aton, quem disso te assegura.

SACERDOTE: Como quiseres, jovem monarca. Precisarás de mais de uma lição. [*sai*]

TUTANKÁTON: [*para si*] O mais feliz de todos é aquele que nunca nasceu.

HOREMEB: Juro, meu rei, que essa ofensa será vingada.

TUTANKÁTON: Não espalhes juras que talvez não possas resgatar, Horemeb.

HOREMEB: Senhor, a maior parte de nossas tropas arde por combater, e estou certo de que o conteúdo desta bolsa será a senha para que a oficialidade se levante num brado de indignação. Mas se queres conhecer o verdadeiro ânimo dos soldados, então fica sabendo que na opinião geral falta valor para vencer os hititas e afastar a ameaça de invasão, sim, mas na corte e não no exército! Ninguém duvida do rei, é claro, por Aton! Mas fala-se dos cortesãos que vertem palavras oleosas enquanto as espadas enferrujam nas bainhas.

TUTANKÁTON: Não deves dar ouvidos a mexericos.

HOREMEB: Meu senhor – suplico que toleres a fala rude deste soldado –, todo tipo de crendices se dissemina quando a tropa permanece ociosa. Muitos soldados atribuem as desgraças ao corpo dos deuses que goteja sangue sobre o país enquanto seus templos não são restaurados. Na fantasia desses homens, senhor, levas demasiado longe tua fidelidade filial, e não haveria dano se autorizasses a reparação aos antigos deuses, desde que submetidos à supremacia de Aton.

TUTANKÁTON: [*amistoso*] Teu discurso cheira a heresia, general.

HOREMEB: Não será a prudência, meu rei, que nesta época de desatinos somente ousa apresentar-se como heresia? Tudo mudou tanto em tão pouco tempo. Como flutua a opinião popular! Da mesma forma que um touro de olhos vendados, a multidão arremete com fúria a torto e a direito; ouve um chamado aqui e já acorre, entusiástica, para se chocar contra a parede; logo um chamado contrário ecoa e ela se precipita com idêntico ardor; demagogos açulam-na e a cansam dessa maneira, enquanto ela golpeia inimigos no ar.

TUTANKÁTON: Acaso ignoras, general, que a multidão age assim porque foi mantida durante longo tempo na escuridão do cativeiro e quando é de repente libertada, a luz do dia a ofusca?

HOREMEB: O touro ao menos aprende e logo se torna sábio, mas o povo muda de opinião assim que muda o vento e quando persiste numa só ideia é porque ela é bem estúpida.

TUTANKÁTON: A revolução entregou a verdade ao povo e ao mundo, mas a terra inteira se ergue para esmagá-la.

HOREMEB: Tudo o que havia antes era a escuridão de uma eternidade que nunca passava, mas de repente as engrenagens do tempo, acionadas pelo grande rei que te antecedeu no trono, começaram a girar, triturando os deuses e os homens.

TUTANKÁTON: Foi preciso haver muitas mortes para que a luz nascesse. O parto não se completou, pois Aton abandona a terra desgostoso com a traição dos homens, que em sua insensatez recusam-se a aclamá-lo.

HOREMEB: Mas a reforma está realizada, meu rei. Nada será como antes. O clero corrupto foi abatido, a propriedade que juntou por meio do roubo, confiscada, o poder da Coroa estabelecido em cada palmo da terra.

TUTANKÁTON: Um poder que nada vale se não for implantado em cada coração.

HOREMEB: Aton ouvirá tuas preces.

TUTANKÁTON: Lanço apelos aos céus enquanto erro no deserto, mas a única resposta são minhas próprias palavras, que repercutem no vazio! São caprichosos os caminhos da divindade, que se esconde de tudo o que é humano. Talvez Aton queira falar-me de maneira indireta, escolhendo como veículo a mais ignóbil das criaturas. Os antigos ensinavam que até mesmo o pó que pisamos está mais próximo da divindade do que nós. Chama aqui o juiz Fei; refleti melhor e preciso falar-lhe.

CENA 7

Alojamentos da corte, como na cena anterior.

FEI: [*para VIDENTE*] Fala; estás na presença do rei.

Pausa curta.

VIDENTE: [*sempre com os olhos vendados*] Salve, Tutankáton, tu que és dois reis e não és nenhum; que não és filho de teu pai nem serás pai de teus filhos; que serás esquecido e serás lembrado! Fui eu quem previu tua sina. Segue teu destino, mortal, que um rei vem logo após o outro e neste recinto há toda uma ninhada deles à espera que termines o que tens a fazer. Agora que o desenlace está ao alcance da mão e deblateras contra os céus que não te dão ouvidos, um instinto de mãe me comove, embora não mereças compaixão mais do que qualquer outro: é suficiente ter nascido para ser digno de pena.

FEI: [*para VIDENTE*] Modera a tua língua, mulher, e respeita o soberano. Não discorras exceto sobre o que lês no futuro, pois nada mais se espera de ti.

VIDENTE: [*depois de uma pausa*] Dois reis singram o mar e chefiam um cerco de nove anos; seus soldados chafurdam na lama tinta de sangue, mas não dobram a resistência das muralhas...

HOREMEB: Quem sairá vencedor numa contenda assim difícil?

VIDENTE: [*cada vez mais depressa*] Uma sombra sobre a terra, a mensagem da heresia levada para além do deserto... Nínive e Babilônia... Tudo cai e renasce numa reviravolta contínua... Massas de homens se deslocam para o Oriente, chocam-se contra outras e refluem; agora são estas que avançam em meio à fumaça na direção do Ocidente... Corpos decepados e uma nuvem de tumulto se esparramam pelo mundo... Conquista e lodo, um império se levanta, outro o reduz a pó, e assim numa sequência inesgotável como gerações de fantasmas... Continentes dilacerados, carnificina e epidemia... Homens que se movem sem saber aonde vão, que se multiplicam e se matam às cegas. Gritam, empurram, gemem e choram, náufragos de um barco que navega em círculos sob a tormenta... O estômago revira, os olhos se apagam, a boca queima no relato dos horrores repetidos... Para onde me volto contemplo um espetáculo frenético a girar sem passado e sem futuro.

TUTANKÁTON: Farsante! Pensas confundir-me com histórias de velha? Responde quem vencerá se houver guerra entre egípcios e hititas.

VIDENTE: Nada deves recear dos hititas enquanto as montanhas do Sinai não chorarem à luz da lua e a cidade de Tebas não mudar para esta margem do rio; depois disso, treme como diante da morte.

TUTANKÁTON: Até quando o exército inimigo assolará a Síria e a Palestina, rosnando ameaças contra o meu país combalido pela seca e pela peste?

VIDENTE: Somente quando as mulheres lançarem flores de lótus aos pés do invasor e o próprio Nilo os acolher em seu leito – somente então é que os hititas serão rechaçados para os desfiladeiros de onde vieram. Teu exército não prestará para isso; serão escorraçados por mão que não é humana, nem mesmo divina.

TUTANKÁTON: Por que Aton está indiferente a meus apelos? Por que me envia sonhos obscuros e horripilantes?

VIDENTE: Pitonisa ou charlatão, sábio ou imbecil, vidente ou peregrino – não há mortal capaz de responder.

TUTANKÁTON: Qual o desejo da divindade?

VIDENTE: [*voltando-se para TUTANKÁTON pela primeira vez*] Que estanques o carrossel do tempo. Aquele que chamas de pai e que te chamava de filho despertou forças adormecidas na matéria humana; os homens encheram-se de orgulho, abateram os deuses e quiseram moldar o mundo por sua própria conta. Nasceste com a tarefa de aprisionar essas forças nas profundezas de onde não deveriam ter saído e reinstalar a serenidade dos séculos. Como és filho do turbilhão dessa época de desvario, teu pecado é também o orgulho, o desejo-de-si, e por ele deves sucumbir. Não precisas de vidente, já sabias o que agora te revelo.

Entra ANKESEN.

ANKESEN: Ah, como encontro mudada a corte de meus ancestrais! Será que naveguei pelo Nilo ou pelo tempo? Não faz um mês que saí em viagem e é como se voltasse um século depois. Nestes mesmos salões Tutmés repartiu os destinos da África e da Ásia, e o meu divino pai revelou a verdadeira fé aos povos. Que vejo eu agora? Homens adultos que se reúnem a fim de ouvir as futricas de uma cartomante. Tutmés, tapa teus ouvidos e fura teus olhos com um estilete, meu pai, para vos poupardes do que presencio!

VIDENTE: [*ameaçadora*] Ainda que sejas rainha, não estás ao abrigo de meus vaticínios: cala-te se não queres que eu exponha as misérias que te esperam. Ao ouvires o que sei, suplicarás que te faça saber a data de tua morte, pois só então conhecerás alívio.

ANKESEN: Abomino a feitiçaria e considero mais dignas de receber em minha casa as mulheres que alugam o próprio sexo do que as rameiras, como tu, que vendem mentiras e charlatanices.

HOREMEB: [*para FEI, em voz mais baixa*] Não contavas com este imprevisto.

VIDENTE: És tu quem fala de mentiras? Afogas no veneno da heresia. Os meus deuses vigoram desde antes de o mundo existir, ao passo que o teu é fruto bastardo da doença que acometeu o vosso pai, o Grande Criminoso, aquele contra quem o povo inteiro jura vingança. Não existe absolvição para os vossos crimes. O mundo era mágico e completo, os jovens se inclinavam cheios de respeito diante dos velhos, as pedras, o vento e a lua eram a família da humanidade e qualquer um estava aconchegado entre os espíritos que pulsavam no interior de cada coisa. A heresia abriu uma fenda entre o homem e o mundo, a terra se transformou em ferro e os homens trazem agora o peito estéril, salgado pela vertigem do tempo que se descontrolou.

ANKESEN: Não nascemos para viver como sonâmbulos. Por toda parte ouço os espíritos fracos lastimarem a nossa época, mas eu sou grata por tomar parte na destruição das ilusões. Ah, que alegria sinto nas volúpias da virtude, como é sagrada a tarefa de destruir! Precisamos de artistas inspirados que deformem as linhas e tumultuem os sentidos para melhor expressar o fundo verdadeiro da vida. Que os velhos livros sejam lançados no oceano, que ardam todas as relíquias! Levantemos pirâmides de cabeça para baixo e inventemos até mesmo uma nova forma de andar para que em nossos filhos não reste o menor traço a recordar o passado.

VIDENTE: Pretendestes fazer dos homens aquilo que eles não são. Sufocastes em vós tudo o que é natural, tudo o que parece humano; nem anjos, nem animais, vos transformastes em monstros e o mundo inteiro aponta para vós dizendo: olhai!, vede a aberração suprema da natureza! Mas quisestes que os homens fossem iguais a vós e, como não cedessem ao modelo das vossas artificialidades, os que eram belos foram desfigurados, os que eram fortes, entorpecidos, os que eram livres, tornados escravos, e aqueles que ainda assim murmuravam o nome dos deuses, esses vós matastes.

ANKESEN: Eu os teria matado com as minhas próprias mãos para livrar a humanidade de abutres como tu, feiticeira abjeta! Maior esforço foi preciso para que a raça do Nilo se arrastasse dos pântanos e se erguesse sobre as pernas. Não podes fazer que os homens voltem a grunhir como porcos e apagar o que já está cumprido: não há mais milagres, nem comércio promíscuo entre o homem e a divindade, nem o fervilhar de deuses como vermes sobre um cadáver! Morreram todos os ídolos, egípcios e asiáticos, cretenses e babilônicos, e o mundo inteiro se inflama de luz! Geramos uma divindade que já não depende de nós. Estamos livres. Não pode haver contato entre nós, criaturas vis, e o novo deus: que cada um responda por seus atos no tribunal da morte!

VIDENTE: Logo perderás tudo o que te é caro, menos da vida, pois, antes de morrer, como cadela miserável vagarás pela Ásia e serás escrava de estrangeiros. Veremos então se ainda blasfemarás contra a religião de teus avós!

ANKESEN: Que as maldições pagãs retornem a ti e transformem a tua boca em ferida horrenda! O que chamas de blasfêmia é um salmo em meus lábios, enquanto vegetas na escuridão minha alma se inunda de alegria e bendiz por igual a ventura e a desgraça.

TUTANKÁTON: Basta, chega de imprecações inúteis!

ANKESEN: [*para os homens*] E vós, homens, que a tudo assistem sem nada dizer, por que não vos dedicais a atividades mais leves e piedosas do que o governo do reino? Que embalsamem animaizinhos e chorem os mortos.

TUTANKÁTON: Silêncio, Ankesen, não tolerarei mais confrontações! Senhores, levai essa mulher; já ouvi o suficiente. Deixai-me a sós com a rainha.

FEI e HOREMEB curvam-se e saem, com a VIDENTE.

ANKESEN: Meu rei, que se passa contigo?

TUTANKÁTON: Teu pai, que me adotou como filho, nos arrancou da eternidade para nos precipitar num mundo de metamorfoses onde todas as coisas estão destinadas a apodrecer.

ANKESEN: E também a nascer e luzir, meu senhor! Eu ansiava por festejar nossa juventude e retemperar minhas energias nas tuas, mas o que encontro não passa de uma sombra do Tutankáton que conheci!

TUTANKÁTON: Da minha parte, esperava de ti atitudes de reconforto, mas ages como amazona enquanto tua língua se expressa por labaredas de ódio. Houve mudanças desde que partiste para o norte, Ankesen. Estou debilitado por visões apavorantes. Já não reconheço a presença de Aton entre nós, e os inimigos da fé aproveitam-se desse vazio para se lançarem como chacais sobre mim.

ANKESEN: Não te deixes abater, meu amigo, e reage! A nova religião é exigente como um pai severo que esconde lágrimas de amor porque sabe que, para educar seus filhos, deve pô-los à prova.

TUTANKÁTON: Nem mesmo creio nas palavras que usamos para significar as coisas. Tudo são mentiras que confundem e ocultam o sentido real, cada vez mais inacessível, da vida. Procuro redimir meus crimes, dirigir todas as minhas forças para a construção do grande templo que afastará a ira dos céus contra um filho que clama por perdão. Que mais devo fazer? O desespero me oprime o peito como se estivesse vivo num túmulo de pedra. Receio duvidar da palavra em que depositei toda a esperança e à qual entreguei o meu coração.

ANKESEN: Destitui os oficiais vacilantes, dá ânimo ao povo, derruba a lei do asilo para surpreender os traidores nos próprios altares onde se refestelaram! Restabelece a autoridade, nem que para isso tenhas de atolar em sangue até os joelhos! Não vais encontrar os sinais da divindade fora de ti, mas na certeza íntima que só podes readquirir agindo! É ilusão pensar que Aton se intromete como um mercador nos miseráveis assuntos humanos, que não foram talhados na sua medida infinita. Não! Ele impera em esferas tão longínquas que a nossa religião já é quase uma religião sem deus. A verdadeira fé não significa que cremos na divindade e na vida eterna, mas que ardemos na esperança de que existam. Um fio mais fino que a lã e mais longo que o Nilo nos mantém unidos a deus; não permitas que ele se rompa!

CENA 8

Alojamentos da corte, como na cena anterior.

FEI: Era costume antigo matar o mensageiro que portasse más notícias. Sendo assim, preferiria que usasses a espada antes que meus lábios pronunciem as palavras que me sufocam.

TUTANKÁTON: Será que os hititas ateiam fogo às cidades do Delta? Ou a turba derruba os altares de Aton em Tebas? No estado em que me encontro já não há notícia que atraia minha atenção, nem calamidade que aumente meu sofrimento.

FEI: Não; a roda da fortuna segue o seu ritmo e faz vítimas aqui, na tua própria casa. Prepara o espírito diante do decreto divino – teus filhos estão doentes.

TUTANKÁTON: Meus filhos, doentes?

FEI: A divindade é quem tudo determina, e os médicos nada poderão fazer. Os pequenos gêmeos, meu rei, contraíram a peste.

TUTANKÁTON: [*para o alto*] Que mais queres de mim? Não basta o que já fizeste, o quanto te exibiste em teu anonimato, era preciso que a tua sanha meticulosa se abatesse sobre eles também? Que culpa têm os filhos pelos erros dos pais? Ainda ontem brincavam comigo e agora – nunca mais! Deverei ouvir os seus gemidos sem poder apaziguá-los? Sorrir diante de seus apelos como se nada houvesse? Esconder-me num canto para chorar sem que me vejam? Quando a doença se instalar em suas pequenas gargantas, não poderão beber água nem respirar direito. Queimarão de febre enquanto acaricio os seus cabelos. E amanhã terei de me levantar para ver a luz de um dia que nunca verão, e levá-los a um berço de granito onde os pezinhos que ontem corriam pelo palácio estarão silenciosos para sempre? É essa a tua justiça, Aton?! Deus não é deus se pratica o mal.

FEI: Conforma-te com o destino, meu rei.

TUTANKÁTON: Não! Já suportei demais e tomo agora a resolução de um homem. Treme, Aton, porque a tua criança se volta contra ti! Inchas de glória até estourar enquanto, sugada por ti, a humanidade definha. Por que nos dás um vislumbre de consciência, como alguém que finge salvar uma criança à beira do precipício, segurando seu pulso apenas para soltá-lo em seguida? Por que nos elevas num instante, se no instante seguinte nosso corpo, e com ele o mundo inteiro, estará despedaçado um milhão de vezes? Jamais tiveste um súdito mais dedicado do que eu, mas tua voracidade não se detém, não há adoração que te sacie o apetite devasso, nem carnificina que te desperte a compaixão. És um deus digno de reinar sobre porcos e não sobre homens.

FEI: Não te deixes levar pela paixão, Tutankáton! Volto a temer por tua saúde.

TUTANKÁTON: [*sem ouvir FEI*] És esperto ao te esconderes, deus único, pois se aparecesses em plena luz tua vaidade e ridícula pompa arrancariam entre os homens tantas gargalhadas como diante de um bode fantasiado de monarca. Evapora, criatura! Que tua lembrança seja fulminada da face da terra, e maldito aquele que ressuscitar tuas quimeras! É para outro que agora me volto. Ah, como errei, como andei às tontas sem imaginar que minha salvação estivesse tão próxima! É para ti que dirijo minhas preces, para ti, Amon, deus dos deuses, imagem fiel do passado, guardião da eternidade, consolo dos mortos e protetor dos vivos! Pequei contra ti e contra as divindades do teu panteão sagrado, mais antigas que as pirâmides, mais inumeráveis que os grãos de areia. Mas olha como estou prostrado no chão e tem pena de mim! Sou mortal como qualquer outro; recusarás ao rei o que concedes a um homicida? Salva meus filhos e prometo te recolocar no ápice do mundo, venerado pelos egípcios e temido por todos os homens! Erguerei tantas obras em gratidão que o Vale inteiro se encherá do aroma de cimento e tinta! Atende a minha súplica, deus dos deuses, e, se não podes salvar quem é culpado, salva ao menos quem é inocente.

Desde o final dessa fala, ouve-se o rumor confuso e crescente de uma multidão que se aproxima.

FEI: Tudo se precipita. Acreditamos fazer algo e mais tarde verificamos que fazíamos precisamente o contrário. Como não está a nosso alcance agir com sabedoria, deixemos que os resultados fiquem a cargo dos loucos poderes que não entendemos nem controlamos.

TUTANKÁTON: Talvez não seja verdade, afinal, que existam deuses, mas a maior das mentiras é que haja apenas um. Como é insensato aquele que dirige a palavra à divindade; Aton e Amon são também palavras na boca de um mortal, e é mais provável que uma parede responda do que um deus.

Entra HOREMEB, alvoroçado.

HOREMEB: Meu rei, uma procissão de barcos atravessa o Nilo em nossa direção; são tantos que suas tochas iluminam o horizonte e mudam a meia-noite em meio-dia! Gritam que se Tutankáton não vai a Tebas, Tebas vem a Tutankáton para reclamar a restauração dos velhos deuses! Ao mesmo tempo, uma correspondência do norte alerta que os hititas estão acampados nos altos do Sinai, à espera apenas da ordem de invasão. São tantos que seus escudos refletem a luz da lua parecendo à distância rios de prata que descem pelos montes como se o Sinai chorasse! Cumprem-se uma a uma as palavras que o demônio proferiu em língua humana!

TUTANKÁTON: [*alheio ao que diz HOREMEB*] Até que enfim compreendo! Ao apalpar o meu corpo tudo se esclarece de uma vez! Bendito sejas, Amon, patrono de meus antepassados: logo estarei junto deles e de ti, para implorar a doçura do vosso perdão!

FEI: Que acontece, meu rei?

TUTANKÁTON: Bolhas carregadas de um líquido cinzento estalam sob a minha pele ardente. Bem-vinda a peste que me levará de volta à eternidade! Fui eu quem a transmitiu a meus filhos para que a morte não nos separasse. A febre, os sonhos, a vertigem que me acometeu no deserto eram os sinais da moléstia que breve me levará bem longe dos homens!

FEI: [*dá um passo na direção de TUTANKÁTON*] Que dizes, meu senhor, não é possível!

TUTANKÁTON: [*enquanto o rumor de multidão aumenta até o final desta cena*] Não te aproximes, eu ordeno! Antes se acreditava que a sombra dos faraós curava as doenças, agora o contrário é que é verdade! [*FEI e HOREMEB se afastam*] Quando se lançarem como matilha sobre nós, os tebanos não encontrarão o seu rei, mas o cadáver de um outro: não como Tutankáton, que esse infeliz morreu, mas pelo nome de Tutankâmon é que a posteridade deverá reverenciar a minha memória, pois declaro extinta a religião do deus solitário. Ísis, Hórus, Anúbis, Set, Osíris e tu, divino Amon, atendei ao meu chamado, ressurgi dos escombros e comandai a terra! Que os velhos voltem a ser lépidos, que as chuvas subam como um cântico aos céus, que as lágrimas refluam para dentro dos olhos, que a safra podre volte a ser semente, os pais sejam devolvidos aos órfãos e os guerreiros desaparecidos retornem para suas mães e noivas! Que os mortos em naufrágio reapareçam em pé sobre as praias, os corpos ainda verdes de musgo marinho; que a roda do tempo retroceda ao ponto exato em que descarrilou! Que a vossa reivindicação seja enfim satisfeita, que tudo volte a ser como antes, que se restaure o ciclo eterno da vida até que nova epidemia venha acordar o homem de um sono de mil anos! [*pausa curta*] Parece que vivi num sonho e que só agora, quando sinto o abraço gelado da morte, desperto e pela primeira vez contemplo a vida real que se esvai do meu corpo. Já não há espessuras turvas entre mim e as coisas que cintilam. O manto de palavras escorre como a água suja depois do banho. Apenas entramos e saímos de um mundo que já existia e continuará a existir depois. Vivemos na faixa estreita em que o fluido vivo frutifica, condenados a disputar a subsistência com a multidão de seres que se acotovelam em redor. Fora dessa faixa onde fervem criaturas, tudo é paz geométrica e mineral: ali vivem os deuses, mais próximos das algas marinhas do que dos animais selvagens, mais próximos destes do que do homem, o fantoche solitário da criação. [*pausa curta*] Meu pensamento viaja por uma manhã de sol, há muitos anos, quando passeava de barco pelo rio. A brisa afasta o calor e a luz tinge a água de um azul escuro e brilhante. Esse momento agora se expande e ocupa tudo o que fui, o que sou. Cada um tem a sua eternidade. Minha educação religiosa está completa. Que importância tem tudo isso, afinal? Nascemos e morremos – o que ocorre no meio é um nada, como se o tempo não tivesse passado ou passasse depressa demais para nós.

CENA 9

Em Tebas.

ANKESEN: És o novo faraó: deves garantir os funerais de meu marido e de meus filhos.

FEI: Todas as providências estão tomadas. A fim de evitar que a tumba de Tutankâmon seja alvo do ódio religioso, ela será alojada em local subterrâneo. O funeral será rápido e secreto. Assim que os selos do túmulo forem lacrados, toda lembrança do rei deverá desaparecer. Os registros serão destruídos, as imagens quebradas, os documentos queimados e até o calendário deverá retroceder ao último dia da vida de Amenófis, o pai de teu pai.

ANKESEN: Estás tão acostumado aos hábitos de cortesão que depois de subires ao trono, já não tendo mais a quem obedecer, torna-te escravo das conveniências do momento, como foste no passado servidor do vento que soprasse mais forte.

FEI: Somente os mortos, minha filha, não dependem das conveniências. Perdoo tuas palavras por respeito ao que sofres e ainda sofrerás. [*num apelo genuíno*] Ankesen, renega a heresia e volta para a fé dos teus avós.

ANKESEN: Não me dobro: sou dessas mulheres duras como o cedro e livres como o falcão. Dispenso tuas gentilezas; estas paredes estão impregnadas da lembrança do homem que amei e das crianças que não pude educar em minha crença. Não. Viajarei incógnita para o norte, ao encontro dos hititas. Pretendo oferecer-me ao déspota asiático como mulher de um de seus filhos, já que tenho sangue real, ou como sua escrava: nada disso me importa, pois nunca tive outro amo que não fosse Aton. Se os hititas me rechaçarem, se não servir nem mesmo para trabalhar em seus estábulos, pedirei esmolas pelas estradas da Ásia e meu peito será o último altar do deus solitário.

FEI: [*para si*] Que monstro estranho é a religião, ao mesmo tempo consolo e flagelo.

Entra HOREMEB.

HOREMEB: Louvado seja Amon, o deus dos deuses! Tudo terá de ser recalculado, Ankesen: os hititas batem em retirada! Os exércitos da peste que contraíram na batalha de Amqua perseguem-nos até os extremos do Oriente! Os invasores correm de volta para casa, levando nas carroças o terrível presente dos deuses do Egito.

FEI: Sendo certo o que relatas, a sorte trabalha outra vez em nosso favor e a tranquilidade voltará a irrigar a planície do Nilo.

ANKESEN: Mantenho a minha disposição e terei a peste, nesse caso, como companheira de viagem. Adeus, senhores, espero que façais bom uso do cetro real.

ANKESEN sai.

FEI: Vem, Horemeb, serás meu principal ministro. Há muito o que fazer – a colheita está desorganizada, as cidades destruídas e focos da rebeldia de Aton ainda se manifestam aqui e ali. Recoloquemos tudo no seu eixo, enquanto fazemos votos de que os filhos sejam mais felizes que os pais.

CENA 10

VIDENTE: Uma geração substitui a outra, o sol se levanta, o sol se põe mais uma vez. As narinas de todos respiram o ar da manhã, até que o homem vá para o seu lugar de repouso. Ninguém pode voltar, ninguém diz o que nos espera. Por isso festeja, mortal, nos teus dias de vida, até que chegue o dia de chorar. Eu ouvi falar do que aconteceu com meus antepassados: seus caixões estão vazios como caixões de mendigos, abandonados por todos na terra. Suas casas não os reconhecem mais, é como se nunca tivessem existido. Por isso festeja, mortal, nos teus dias de vida! Cobre o teu corpo com óleo perfumado, faz grinaldas de flores para os seios da tua amada. Aproveita a música, a bebida e os sorrisos, esquece toda dor até o dia em que o teu barco venha aportar nas praias do silêncio.

Maio, 1990.

Nota sobre *Tutankáton*

A leitura desta peça provavelmente terá produzido uma sensação de incômodo, quando não de pura hostilidade. As falas são mais longas do que seria tolerável, ainda mais na época atual. Praticamente nada ocorre em cena, e o leitor, além da obrigação de se familiarizar com os meandros históricos, tem de acompanhar os acontecimentos por meio de relatos dos personagens. Estes, por sua vez, imitam a pedra e o mármore, mas não passam de figuras de cera ou gesso. Tudo transpira falsidade, e a linguagem elevada, que se expurgou há muito tempo do teatro, soa como uma versão degradada e rebarbativa das tragédias do passado.

Um amigo leu a peça e achou neoclássica; outro, mais severo, chamou-a de parnasiana. No círculo pequeno de pessoas que tiveram contato prévio com o texto, ele foi considerado reacionário, místico, pedante, derrotista, desprovido de força dramática, filosófico no mau sentido do termo, e houve consenso de que seria virtualmente impossível encená-lo. A temática é infame; o personagem principal – a múmia mais célebre da História – é alvo de um anedotário corrente; a ambientação da peça está associada a um certo mau gosto hollywoodiano e, se algum diretor se atrevesse a montá-la, seria tentado a vestir os atores de Cleópatra e quem sabe até meter uma dança do ventre entre as cenas.

De certa forma, compartilho dessas opiniões e esta peça me parece desagradável e às vezes monstruosa. Tanto maior a obrigação de defendê-la. Ao contrário das aparências, seu assunto é não somente atual, como, no meu ponto de vista, o mais extraordinário da nossa época. Ela não é irracionalista, mas procura projetar luz sobre um racionalismo subterrâneo em relação àquele que agoniza hoje entre os destroços das ciências sociais. E quanto ao aspecto "psicológico" do texto (que a rigor inexiste), sempre me pareceu humano o direito de desistir, sobretudo quando a cada lance de desistência – como é o caso do personagem que dá nome à peça – corresponde uma volta no relógio íntimo das percepções e um alargamento do único mundo de fato real: o mundo interno de cada um de nós.

Penso que a peça sofre por ser um texto numa época submetida, do ponto de vista estilístico, à ditadura modernista. Os diversos movimentos que agrupamos sob o nome genérico de modernismo floresceram nas primeiras décadas do século 20 a partir de um impulso para vivificar a obra de arte. A arte representativa estava esgotada. Comunicação instantânea, deslocamentos repentinos, destruição em massa e outras proezas que a técnica introduziu no dia a dia tornaram subitamente acanhada a percepção baseada no visível. O desenvolvimento da ciência, acelerado na segunda metade do século 19, trazia à tona realidades invisíveis. As estruturas da linguagem e do inconsciente, as leis do desenvolvimento social, a física einsteiniana, a filosofia de Nietzsche, tudo parecia colocar um ponto-final no método representativo, cuja eficácia se limitava a apreender a superfície frívola e banal do mundo.

O modernismo tinha, portanto, uma concepção de arte histórica, relacionada com a evolução geral das formas sociais das quais ele próprio seria a expressão mais recente. De maneira muito simplificada, o historicismo modernista se apresentou em duas vertentes. De um lado, descartando a realidade representável da arte que veio antes, se voltou para a exploração das próprias formas de representação, praticando uma autofagia semelhante à que a filosofia e a ciência já realizavam. A inspiração difusa, os procedimentos técnicos, as espessuras internas da própria linguagem artística, os percalços da execução antes de ela se completar, tudo o que até então se ocultava foi trazido ao primeiro plano e o conteúdo da obra passou a ser, com efeito, a sua forma. Confrontado com uma tela impressionista, é provável que um pintor do século 16 ou 17 não a considerasse inovadora nem extravagante, mas simplesmente inacabada. Essa vertente frutificou no expressionismo, nos formalismos, no surrealismo, na arte abstrata, na visão dramática de Artaud e, mais recentemente, no teatro do absurdo.

A segunda vertente fez o caminho inverso. Suprimiu ao máximo a espessura entre forma e conteúdo em busca de uma adesão integral da obra à pigmentação de seu objeto, como se o discurso artístico devesse emudecer para que a vitalidade do real falasse por si própria. Quase não se pode pensar, neste caso, em objeto, pois o artefato artístico é ele próprio seu objeto. Seriam exemplos dessa técnica os romances de Hemingway e Camus, o hiper-realismo, praticamente toda a poesia de vanguarda (que também é exploração da forma pela forma) e, no teatro, a dramaturgia de Harold Pinter. Sob compleição híbrida, numa liga esdrúxula com fantasmas do romantismo, esta segunda vertente está na base tanto do realismo socialista como do cinema americano.

O modernismo experimentou uma variedade de modos de expressão que, com sucesso maior ou menor, foram incorporados à sensibilidade contemporânea, ampliada extraordinariamente: derrubou as fronteiras entre os gêneros, tornou a obra de arte livre de limites e convenções, e extirpou os resquícios que nela havia de interditos sociais ou religiosos. Dissolveu, ao que tudo indica definitivamente, a diferença entre arte erudita e popular.

E, no entanto, o modernismo envelheceu. Seu impulso revolucionário se congelou em fórmulas, suas investigações estagnaram na repetição de efeitos já obtidos, sua iconoclastia muitas vezes anticapitalista, mas sempre anti-burguesa, abriu passo para a arte de consumo industrial. Suas ousadias já não espantam ninguém. Na definição de Marcelo Coelho, a quem devo o essencial dessa opinião crítica e que já pensava assim em 1979, o modernismo é o academicismo da nossa época. Talvez o maior crime modernista seja não o convencionalismo a que ele se reduziu apesar da pose rebelde – talvez o destino de todo movimento artístico que se proponha a tarefas históricas –, mas a derrubada selvagem de qualquer critério coletivo de cultura, de qualidade, de legitimidade da obra e até de sinceridade pessoal do artista.

Não sabemos mais distinguir o artista do charlatão. Além de abolir, em nome da concisão e do gosto, o lugar da emoção na obra de arte, o modernismo educou o público na estética da hipocrisia. Na maioria das vezes o leitor ou espectador pressente que jamais poderá compreender a razão artística daquilo que lhe impingem, solenemente, como arte; ele passa a se envergonhar, então, de seus sentimentos mais profundos, porque mais verdadeiros, e se esforça por substituí-los pelo aplauso ou pela crítica *standard* ditados pela moda.

O preço que a obra de arte paga por esse delito é o de se resumir a um caráter ornamental, decorativo. Presume-se que no tempo de Rubens qualquer pessoa, ainda que sem instrução específica, fosse capaz de alguma reação artística em face de um quadro seu, ao passo que hoje o público se limita a ponderar se uma tela modernista "ficará bem" na sala de estar. Ao deslocar a ênfase para a espontaneidade do artista, para a capacidade de ele mediunizar, com a menor elaboração racional possível, uma intuição arbitrária qualquer, o modernismo destruiu a ideia de um código de expressão artística e por consequência tornou muito difícil a interlocução entre obra e público e entre um artista e outro. Contribuiu, nesse sentido, para a queda vertiginosa dos padrões de acumulação cultural que caracteriza a atualidade.

Para piorar as coisas, o artista mergulha no universo de seus próprios impulsos anímicos e volta de mãos vazias, pois tudo o que seja sentimento já foi dissecado, devastado e meticulosamente submetido ao ridículo. Ele recorre então, secretamente, às elucubrações mais cerebrinas, disfarçando-as de intuição criativa. O resultado é uma arte ao mesmo tempo intelectual e irracionalista, "intuitiva" e calculada, "profunda" com tor nada a dizer.

Esgotado há muito o propósito vitalista e a sede de verdade do período inicial, a herança modernista se dilacerou em paradoxos: um movimento revolucionário e de vanguarda fornece os instrumentos da propaganda comercial e das formas industriais de entretenimento popular; uma escolástica de paródias e referências eruditas, cultivada por artistas-críticos e críticos-artistas, trabalha involuntariamente para a deseducação geral, ao nivelar estilos, eras e autores; escolas que fizeram da criatividade a sua religião e que pedem ao artista que não pense, mas que "sinta", geraram um cânone formal tão ou mais severo que os anteriores e na prática expurgaram o aspecto sentimental da fruição estética. Quando esses dilaceramentos ocorrem é sinal de que a totalidade perdeu função e sobrevive apenas na forma fantasmagórica de um nome.

Essas razões me parecem suficientes para justificar *Tutankáton*, uma peça não-moderna. Trata-se de retornar à liberdade de estilo, à pluralidade de formas que foi, aliás, uma das bandeiras do modernismo. Ao mesmo tempo a forma da peça acompanha seu sentido, na medida em que nega a ideia de desenvolvimento histórico, de sequências que se possam dispor numa ordem ascensional, delimitadas por "saltos" em cuja base estivesse a vontade humana articulada em movimentos políticos ou artísticos. Em vez de se alinhar com uma concepção missionária e historicista, esta peça remete à tradição em que a arte não tem funções terapêuticas ou profiláticas e se situa fora do tempo.

O tempo é, assim, o assunto central do texto, mais exatamente, o conflito entre dois tempos: um real, circular, caótico, imóvel, "mineral"; o outro, imaginário, histórico, consecutivo e submetido à lógica da fantasia humana. Por isso a ambientação numa das extremidades da História – no período difuso e vacilante em que essas duas modalidades de tempo se confrontaram, quando a descoberta do ferro e o desenvolvimento da cavalaria introduziram nas sociedades uma efervescência e uma mobilidade provavelmente inéditas.

Lévi-Strauss fala em "sociedades quentes" e "sociedades frias" para distinguir aquelas que se deixaram tomar pelos vírus do "progresso" das que conservaram uma estabilidade material e simbólica em suas relações com o meio.

Se existe uma coisa chamada condição humana, é possível e até natural especular que ela se incline, preferencialmente, pela opção "fria". A esmagadora maioria das sociedades de que temos notícia é desse tipo e a faixa de pessoas que viveram e vivem no modelo "quente" corresponde a um lapso apenas na história conjunta da espécie.

Os antigos egípcios, que servem de suporte aos personagens da peça, parecem ter sido extremamente apegados à imobilidade de sua cultura. Construíram todo um sistema político-religioso destinado a engessar, como se diz agora, a sua sociedade, a afastar o espectro da morte e anular a passagem do tempo. Seus esforços se refletiram numa arquitetura marcada, com sucesso, pela intenção da perenidade. Nem sequer datação histórica eles tinham: os anos se contavam do início do reinado em curso, e a cada novo rei começava nova cronologia. Os próprios reis, embora muitas vezes adotassem nomes já usados por antecessores, não se enumeravam, como ocorre no costume ocidental. Insulada no Vale do Nilo, foi uma cultura firmemente disposta, na maior parte do tempo, a manter-se à margem da História.

Num livro publicado originalmente em 1952 (*Ancient Egypt – Its Culture and History*), o especialista J.E. Manchip White escreveu: "Deve-se admitir que a civilização do Antigo Egito constitui, sob o aspecto tecnológico, um caso de desenvolvimento suspenso. Depois de um início de brilhantismo e promessas sem paralelo, entrou em operação um sistema de tabus religiosos e sociais que desencorajou a capacidade inventiva. Os egípcios chegaram muito cedo à conclusão de que a vida no Vale era perfeita, de que eles queriam levar a mesma vida de seus ancestrais, de que desejavam manter-se em espírito tão próximos quanto possível da Época de Ouro, quando os deuses reinavam na terra". Anos depois, ainda na Guerra Fria, o mesmo historiador conjecturava se, "no meio do nosso século frenético e maltratado, os antigos egípcios não estavam certos ao localizar a Época de Ouro do mundo não no futuro, mas no passado, e se eles não são, retrospectivamente, os habitantes dessa era".

Da superfície interminável desses milênios de estabilidade, sobressaltada aqui e ali por rupturas, invasões e campanhas de conquista, mas sempre restaurada sem maiores mudanças; desse espaço incrivelmente longo de tempo e vazio de transformações, em que o decorrer de cem anos e de uma simples tarde ensolarada parecem equiparar-se – dessa massa tão homogênea irrompe o evento extravagante, súbito, incompreensível da revolução de Aton. Ao que se sabe foi a primeira das revoluções. Durou vinte, talvez dez anos. Uma vez derrotada, os egípcios, obedecendo à sua já mencionada compulsão, restabeleceram cada detalhe do modo de vida anterior e um esforço oficial maciço foi despendido para apagar por completo sua memória.

A hipótese é que o culto ao deus Aton tenha sido trazido por princesas do reino Mitanni, um povo que habitou a Ásia Menor, já que parece ter se tornado comum, na 18ª Dinastia, esse tipo de casamento diplomático com aliados anti-hititas. Supõe-se que Akenaton, o soberano que liderou a revolução, usou o monoteísmo como instrumento para centralizar a administração e fazer frente à poderosa casta de sacerdotes que desfrutavam um estatuto semelhante ao de barões feudais. O período inteiro está envolto numa obscuridade quase completa e são poucos os dados historiográficos. Além de vestígios arqueológicos escassos e pouco conclusivos, restaram somente dois documentos: a Pedra da Restauração, em que se relata o quadro de desordem e abandono do país e as medidas destinadas a reimplantar o culto aos antigos deuses; e as Cartas de Amarna, registro da correspondência diplomática mantida entre o governo da revolução e cortes estrangeiras.

Há indícios, porém, de uma radicalidade que aproxima curiosamente a revolução de Aton das revoluções modernas. Não se tratava apenas de uma reforma religiosa; parece que se pretendeu uma modificação global e profunda que alcançaria as relações sociais, os costumes e a arte. Consta que o governo de Akenaton, ao menos numa determinada fase, buscou apoio na classe popular. Apesar da repressão governamental, que na certa foi violenta e indiscriminada, aparentemente a doutrina do rei era pacifista em política externa e estimulava a liberdade intelectual. Uma cidade foi erguida, em local não consagrado até então a nenhuma divindade, a fim de sediar a capital do país. Para lá se deslocaram artesãos da nova ordem com a tarefa de criar os padrões da arte revolucionária. Foram encontradas em Amarna, nome contemporâneo dessa localidade, representações da família real e de personagens da corte que nada têm a ver com a maneira hierárquica, gélida e formal de toda a arte egípcia: aqui as figuras humanas são mais realistas e espontâneas e suas formas muitas vezes distorcidas indicam, talvez, um recurso de molde expressionista.

Não há dúvida a respeito de um aspecto essencial: o sentido dessa revolução permite incluí-la entre os esboços do que modernamente se chamaria de racionalismo. Nos sistemas politeístas não existe uma separação entre o mundo material e o mundo sobrenatural. As energias de que a divindade está sendo investida ainda se acham dispersas por uma infinidade de objetos que podem ser convocados a cada momento, conforme exigirem as conveniências da vida. A fecundidade, a caça ou colheita farta e a saúde são predicados patrocinados por deuses a quem cumpre lisonjear por meio de sacrifícios e preces – assim como se devem aplacar os deuses que corporificam as qualidades nefastas. Os mesmos atributos podem ser compartilhados por diferentes divindades e aparecer em estruturas simbólicas distintas, de modo que é frequente haver redundância, contradições e simultaneidades. Embora os sistemas politeístas sejam altamente complexos e articulados, sua unidade é apenas formal. Um fluido mágico circula livremente entre os seres e as coisas – na ideia atribuída a Tales de Mileto, "tudo está cheio de deuses" –, manifestando-se aqui e ali ao sabor do capricho de cada ocasião.

No monoteísmo, a divindade se retrai ao ser enfeixada num só, afasta-se do convívio humano, esconde-se, como disse Pascal (e Heráclito antes dele). A ausência física do deus produz um abismo intransponível entre o homem e o mundo material. Essa contração da divindade corresponde provavelmente à elaboração ideológica que submete a ordem privada à ordem pública, substituindo resíduos renitentes da hostilidade entre clãs pela tirania do soberano. E também a uma concepção de moral individual nova, que projeta, em cada vida humana, uma unidade.

Talvez o monoteísmo não possa surgir sem um mínimo de individualidade que o preceda e que permita vislumbrar a solidão de cada um no mundo, evidenciada diante da morte, e por consequência a responsabilidade pessoal pelo conjunto dos atos de uma vida. No monoteísmo, a moeda das oferendas passa a transportar conteúdos cada vez mais imateriais, e sua pesagem se encerra tão somente no cômputo final da morte. Do ponto de vista da coesão social, a vantagem é que a religião deixa de funcionar ao acaso das invocações e passa a exercer uma pressão moral uniforme sobre os homens. Trata-se de uma vitória da ética e da razão, já que ambas se baseiam na prevalência do mediato sobre o imediato.

Dois autores procuraram estabelecer vínculos entre a revolução de Aton e o monoteísmo posterior, judaico-cristão. Freud (*Moisés e o monoteísmo*, 1939) se empenhou na tentativa de demonstrar que os seguidores de Akenaton, derrotados, fugiram do Vale do Nilo em direção ao norte, onde teriam constituído o povo hebreu. Sua demonstração é dada por inconsistente sob o aspecto historiográfico, embora o ponto central do ensaio não seja esse, mas ilustrar o modo histórico pelo qual as relações com o pai se cristalizam na figura de um deus único. O outro autor é Dimitri Merejkovski, escritor de naturalidade russa, mais conhecido talvez pela obra crítica que deixou sobre Dostoiévski do que por seus romances históricos.

Merejkovski escreveu uma biografia romanceada sobre Akenaton, publicada na Inglaterra em 1927, cinco anos depois da descoberta do túmulo subterrâneo de Tutankâmon. Na obra, o faraó herege aparece como precursor de Cristo e sucumbe voluntariamente, à semelhança do próprio, em meio a traições de uma corte corrupta e de aproveitadores entre os quais se destaca Tutankáton, mais tarde Tutankâmon, o restaurador.

O autor era partidário de um confuso misticismo cristão que lembra Tolstói. Se opôs à Revolução de 1917 e chamou os bolcheviques, supostamente por sua inumanidade, de "marcianos". É inevitável que o seu *Akhanaton, King of Egypt* seja lido como um libelo contra o maquinismo policial das revoluções em contraste com a iluminação de santidade que o autor projeta sobre os que as inspiraram.

Tanto a abordagem antropológica de Freud como a visão literário-religiosa de Merejkovski estão firmemente ancoradas no século 19. Jamais teremos uma percepção exata e veraz a respeito, livre das camadas geológicas que nos separam de um evento que antecedeu em alguns séculos a Guerra de Troia. Vale reproduzir o que Nietzsche escreveu em *A gaia ciência*: "Não compreendemos muito bem como os antigos sentiam as coisas mais banais e mais correntes, por exemplo o dia e o despertar: como acreditavam no sonho, a vigília tinha para eles uma outra luz. Era a mesma coisa em relação a tudo o mais da vida, esclarecida pela contrarradiação da morte e sua significação: nossa morte é uma outra morte. Todos os acontecimentos da existência tinham um brilho diferente, porque um deus resplandecia neles; todas as decisões também, todas as perspectivas abrindo-se para o longínquo futuro: porque tinham oráculos, secretas advertências, e acreditavam na adivinhação. A 'verdade' era sentida diferentemente; porque o demente podia ser seu intérprete – o que nos provoca arrepios, ou então nos leva ao riso."

Feita a ressalva, resta especular. É de imaginar a violência do choque de um regime político absolutista inebriado pela vertigem da ideologia religiosa, que se põe em confronto aberto contra uma cultura petrificada. A revolução de Aton esteve seguramente entre os primeiros ensaios de uma ideia que faria carreira ilustre: a de que é possível comandar o fluxo da História quase como um rio que é disciplinado por um sistema de diques e canais. As revoluções são uma tentativa de aplicar a geometria das ideias a um mundo que é geometricamente imperfeito. Mais do que nunca a História é então uma fantasia, uma alucinação das formas, uma paixão intelectual, uma justificativa para todas as falsidades.

A enorme maioria das pessoas felizmente sobrevive incólume às revoluções. Essa é uma das evidências práticas da sua superfluidade, da sua pompa vazia se considerada em retrospecto: enquanto a superfície da política se encrespa e freme com os planos mirabolantes, com as perseguições, os decretos e os discursos, a multidão, depois de certos entusiasmos e excitações passageiras, logo compreende que a vida continua e trata de se resguardar até que passe o temporal. Manifestação aguda da ideia de planejamento e administração pública, as revoluções no entanto mal arranham o tecido da sociedade, a substância caudalosa, desordenada e cega que está na medula da História o que se deve procurar antes na demografia, nas religiões ou na educação infantil que na economia, antes nos costumes privados e nos intersticios das relações sociais que na historiografia.

Esqueçamos por um momento das vidas que se desperdiçaram para que ao final o McDonald's se instalasse cinicamente em Moscou, da crueldade tola das revoluções, do chamado custo social que elas invariável e inutilmente cobram, para concluir que fracassam por falta, não por excesso, porque seu totalitarismo é débil, é mais lacuna que preenchimento, mais fraqueza do que força. Ao contrário das aparências, as revoluções não acontecem quando a vontade de muitos homens se galvaniza num só objetivo, mas quando volumes represados pela barragem das instituições encontram afinal um ponto frágil no tecido humano e irrompem por ali, arrastando a estrutura toda na inundação.

A administração cotidiana e tediosa, que predomina nos períodos mais extensos da História, não difere das revoluções em qualidade, mas em intensidade. Comete os mesmos crimes – mas por omissão covarde em vez de desvario –, acredita nas mesmas ilusões, acena com as mesmas quimeras, consagra seus rituais em nome dos mesmos clichês. Dentro ou fora da revolução, o governante é sempre um homúnculo em pé sobre uma rolha de cortiça com seu chapéu de Bonaparte, acreditando e fazendo acreditar que rege o maremoto a seu redor. Governar é manter a crença.

A confiança na engenharia social, que já se tornara uma febre no século 18, reassegurou-se na ampliação do domínio sobre as forças da natureza durante o século seguinte até desaguar nas patologias políticas que assombraram o século 20. Se o século 19 foi o de Comte, Spencer e Marx, foi também o de Michelet, de Tocqueville e de Tolstói. Aos raciocínios dos políticos e dos historiadores, Michelet opôs a torrente irrefreável e tumultuária que ocorre pelos subterrâneos da História e que ele identificou com uma encarnação misteriosa dos sentimentos de nacionalidade e de justiça na massa popular.

Tocqueville foi além. Em *O Antigo Regime e a Revolução*, esse historiador dotado de espírito científico, rasgou a superfície cronológica, formal e escolar que assinala a separação entre dois campos opostos para revelar as linhas de continuidade entre o período pré e pós-revolucionário. Uma vez removido o entulho de alegorias que enchem a vista, a Revolução surge desglamorizada, apenas mais um episódio no longo percurso de racionalização do Estado francês, iniciado pelo absolutismo, e coroado pela figura de Bonaparte.

Ao escrever suas *Memórias* sobre a Revolução de 1848, Tocqueville anotou: "(...) e eis a Revolução Francesa que recomeça, pois é sempre a mesma." Sua filosofia da História aparece condensada neste trecho: "Creio – e que não se ofendam os escritores que têm inventado essas sublimes teorias para alimentar sua vaidade e facilitar seu trabalho – que muitos fatos históricos importantes só podem ser explicados por circunstâncias acidentais e que muitos outros são inexplicáveis, e enfim que o acaso – ou antes o entrelaçamento de causas secundárias, que assim chamamos por não sabermos desenredá-las – tem um grande papel em tudo o que vemos no teatro do mundo; mas creio firmemente que o acaso nada faz àquilo que, de antemão, já não esteja preparado. Os fatos anteriores, a natureza das instituições, a dinâmica dos espíritos e o estado dos costumes são os materiais com os quais o acaso compõe os improvisos que os assombram e nos assustam."

O pensamento de Tolstói se inclinava em direção semelhante. No grande painel humano sobre a Rússia durante a invasão napoleônica – *Guerra e paz* –, ele personificou os dois tempos do título nas imagens de Bonaparte e do general Kutuzov: enquanto um pretende impor sua vontade racional aos acontecimentos, o outro se adapta intuitivamente a eles; enquanto um avança, calcula, se apressa e se enfurece, o outro se esquiva, tergiversa e dá tempo ao tempo. Os invasores, que no livro representam o espírito da ilustração e da técnica, são afinal derrotados pelo magma micheletiano, em que se confundem o sangue, a terra e o sofrimento do povo russo, de que Kutuzov é um espelho sem luz própria. Devo ao ensaio de Isaiah Berlin sobre esse antagonismo explorado por Tolstói muito dessa compreensão.

Em suma, as revoluções fracassam não por serem profundas e ambiciosas demais, mas pelo motivo contrário; não por serem violentas ou injustas, mas porque sua violência é superficial e sua justiça, cega; não porque suas ideias terminem sendo traídas, mas porque elas não passam de nomes humanos para processos muito entranhados e invisíveis, cujo sentido escapa aos grupos que fazem e aos que sofrem as consequências de uma revolução – e quase sempre a quem as interpreta.

Para nós, que fomos educados na mentalidade evolucionista das revoluções, tudo isso é estranho. O normal seria que as gerações, ao herdarem e acrescentarem experiências próprias às herdadas, definissem um padrão de "progresso" mais ou menos linear, sujeito a vicissitudes e recuos, mas arrastando enfim a sociedade numa direção que se poderia "prever" *a posteriori*.

Ninguém duvida de que as relações sociais determinam o modo de ser de cada homem, mas o raciocínio que estamos fazendo pressupõe a existência de forças, não só no psiquismo individual, mas no forro oculto da História que têm por efeito "resfriar" a sociedade, imunizar o homem em relação às mudanças de estrutura institucional, social, da epiderme histórica. Esse aspecto não costuma escapar às revoluções, que negociam simbolicamente com ele: a revolução inglesa se inspirou por protestantismo em motivos bíblicos; a francesa imitava os republicanos da Roma antiga; as revoluções operárias parodiam, por sua vez, a francesa e nela introduzem emblemas de insurreições da Antiguidade, como a revolta de Espártaco; os guerrilheiros do Terceiro Mundo reproduzem os rituais de 1917. É como se cada uma dessas revoluções, no seu esforço para se universalizar, quisesse abarcar a História toda em suas mãos, legitimando-se com um passado coberto pela anistia do tempo e pelas interpretações principistas e edulcoradas dos historiadores; e, enquanto isso, procurasse a adesão inconsciente do elemento retrógrado da sociedade.

A conclusão assombrosa, e talvez inevitável, é a de que há um núcleo irredutível no homem que é inimigo da História. Depois que as revoluções perdem o fôlego, depois de serem solapadas pela impopularidade e pela corrupção, conquistadas pela fadiga e pela rotina burocrática, é esse núcleo quem se encarrega de escolher o rumo dos acontecimentos e devolver a sociedade ao ponto em que seu sono foi interrompido. Sua obra regressiva, porém, nunca é perfeita, e essa imperfeição gera uma irritabilidade, uma nostalgia impossível de satisfazer, uma inquietude própria de quem já não tem como retornar à inocência, uma infelicidade típica dos períodos de restauração, mais ou menos como o insone que tenta mas não consegue dormir depois de acordar no meio da noite.

Algo de paralelo acontece na obra de arte e na memória afetiva pessoal. No trabalho cotidiano da imaginação há um movimento que foge sistematicamente da ação corrosiva do tempo presente, da decepção implicada em qualquer mudança ou novidade, do choque brutal com o mundo da matéria, e que se aninha numa imagem luminosa de sonho. Nas melhores páginas de Proust, não há 10% da densidade, da condensação artística, da verdade de sentimentos plasmada numa forma sem matéria que fulgura na recordação mais banal, tingida pela cor do tempo transcorrido, de qualquer um de nós tal como a sentimos. Não pode haver arte sem essa ausência, esse vazio, sem melancolia em face do irremediavelmente perdido. O próprio Proust, provavelmente, concordaria com isso, e construiu seu romance em torno de uma ideia semelhante, que a obra de arte seria capaz, na sua concepção, de anular ou ao menos mitigar.

Pois a recordação afetiva é uma espécie de secreção artística, de artesanato involuntário que praticamos. A doçura das memórias afetivas e o prazer estético têm uma natureza assemelhada, obedecem às mesmas normas e consistem afinal numa mesma coisa: viver sem viver, participar do mundo sem mais sofrer por causa dele, mas com ele, ausentar-se fazendo-se presente – são modos que o cérebro emprega para anular o tempo que passa e corrói todas as coisas.

Iluminado pelo espírito, o não existente brilha de aventura, de alegria e de perfeição duradouras sob a condição de não penetrar no campo escuro do que existe, onde tudo é decadência, miséria e dor. Sempre que assegurada a sobrevivência material, a prioridade não poderia ser outra se não a de sobreviver na esfera da imaginação. Estamos frente a frente com o paradoxo schopenhaueriano: enquanto o passado e o futuro são ficções mais ou menos evidentes, a linha do momento presente, sendo fugaz, inapreensível, evanescente, é igualmente irreal. O pensamento é, portanto, vítima do seu próprio modo de existir, e isso é trágico.

O romance de Merejkovski forneceu muitos detalhes factuais que aparecem aqui e ali na peça, além de emprestar sua atmosfera ao todo. Essa serve apenas para sustentar os diálogos, sua escolha foi quase indiferente. Em sua maioria, os acontecimentos históricos mencionados ao longo do texto não foram inventados. O roteiro veio da parte 2 do segundo volume de *The Cambridge Ancient History*, que trata da região do mar Egeu e do Oriente Próximo no período entre 1380 e 1000 a.C.

Na cena 2, a descrição que o sacerdote de Amon faz acerca da situação calamitosa de seu país incorpora trechos das "Advertências de um Sábio", documento transcrito por Manchip White. Na cena 4, a mensagem do governante que roga maldições contra o rei aparece no livro de Merejkovski e uma fala de Tutankáton ("Vem, meu amigo...") termina com um pensamento de Pascal. Na mesma cena, outra fala ("Percebo no que dizes...") contém um conselho que Tutmés, considerado o "Napoleão do Antigo Egito", teria transmitido a seu vizir. Na última intervenção de Tutankáton ("Basta..."), a exclamação que o personagem projeta em viajantes do futuro é um verso de Shelley no seu poema sobre a estátua de Ramsés. O monólogo da cena 5 mistura livremente o salmo 104 e o hino a Aton, atribuído a Akenaton, tal como aparece em inglês no livro *The Wisdom of the Ancient Egyptians*, de William MacQuitty. Na cena 8, os ataques de Tutankáton à divindade ecoam uma diatribe de Sade. Na mesma cena, sua lamentação de que "deus não é deus se pratica o mal" é uma fala que teria constado de uma das peças de Eurípides que não chegaram até nós. A cena 10 é apenas a tradução de um cântico da época, conforme Merejkovski.

Se levada ao palco, a peça deve receber um tratamento sóbrio, quase rústico. Pede-se que os atores se movam o menos possível e que procurem declamar as falas em vez de interpretá-las.

Otavio Frias Filho, 1991.

Agradecimento dos editores
a Fernando de Barros e Silva.

© Editora de Livros Cobogó, 2019

Editora-chefe
Isabel Diegues

Editora
Fernanda Paraguassu

Gerente de produção
Melina Bial

Revisor final
Eduardo Carneiro

Projeto gráfico de miolo e diagramação
Mari Taboada

Capa
Felipe Braga

Foto de capa
© The Trustees of the British Museum

CIP-BRASIL. CATALOGAÇÃO-NA-FONTE
SINDICATO NACIONAL DOS EDITORES DE LIVROS, RJ

F944t   Frias Filho, Otavio
         Tutankáton + o terceiro sinal / Otavio Frias Filho.- 1. ed.- Rio de
         Janeiro: Cobogó, 2019.
                                                        128 p. (Dramaturgia)
         ISBN 978-85-5591-087-6

         1. Teatro brasileiro (Literatura). I. Título. II. Série.

19-59078   CDD: 869.2
                                                       CDU: 82-2(81)

Vanessa Mafra Xavier Salgado- Bibliotecária- CRB-7/6644

Nesta edição, foi respeitado o Acordo Ortográfico da Língua Portuguesa
de 1990, que entrou em vigor no Brasil em 2009.

Todos os direitos em língua portuguesa reservados à
Editora de Livros Cobogó Ltda.
Rua Jardim Botânico, 635/406
Rio de Janeiro – RJ – 22470-050
www.cobogo.com.br

COLEÇÃO DRAMATURGIA

ALGUÉM ACABA DE MORRER LÁ FORA, de Jô Bilac

NINGUÉM FALOU QUE SERIA FÁCIL, de Felipe Rocha

TRABALHOS DE AMORES QUASE PERDIDOS, de Pedro Brício

NEM UM DIA SE PASSA SEM NOTÍCIAS SUAS, de Daniela Pereira de Carvalho

OS ESTONIANOS, de Julia Spadaccini

PONTO DE FUGA, de Rodrigo Nogueira

POR ELISE, de Grace Passô

MARCHA PARA ZENTURO, de Grace Passô

AMORES SURDOS, de Grace Passô

CONGRESSO INTERNACIONAL DO MEDO, de Grace Passô

IN ON IT | A PRIMEIRA VISTA, de Daniel MacIvor

INCÊNDIOS, de Wajdi Mouawad

CINE MONSTRO, de Daniel MacIvor

CONSELHO DE CLASSE, de Jô Bilac

CARA DE CAVALO, de Pedro Kosovski

GARRAS CURVAS E UM CANTO SEDUTOR, de Daniele Avila Small

OS MAMUTES, de Jô Bilac

INFÂNCIA, TIROS E PLUMAS, de Jô Bilac

NEM MESMO TODO O OCEANO, adaptação de Inez Viana do romance de Alcione Araújo

NÔMADES, de Marcio Abreu e Patrick Pessoa

CARANGUEJO OVERDRIVE, de Pedro Kosovski

BR-TRANS, de Silvero Pereira

KRUM, de Hanoch Levin

MARÉ/PROJETO bRASIL, de Marcio Abreu

AS PALAVRAS E AS COISAS, de Pedro Brício

MATA TEU PAI, de Grace Passô

ÃRRÃ, de Vinicius Calderoni

JANIS, de Diogo Liberano

NÃO NEM NADA, de Vinicius Calderoni

CHORUME, de Vinicius Calderoni

GUANABARA CANIBAL, de Pedro Kosovski

TOM NA FAZENDA, de Michel Marc Bouchard

OS ARQUEÓLOGOS, de Vinicius Calderoni

ESCUTA!, de Francisco Ohana

ROSE, de Cecilia Ripoll

O ENIGMA DO BOM DIA, de Olga Almeida

A ÚLTIMA PEÇA, de Inez Viana

BURAQUINHOS OU O VENTO É INIMIGO DO PICUMÃ, de Jhonny Salaberg

PASSARINHO, de Ana Kutner

INSETOS, de Jô Bilac

A TROPA, de Gustavo Pinheiro

A GARAGEM, de Felipe Haiut

SILÊNCIO.DOC, de Marcelo Varzea

PRETO, de Grace Passô, Marcio Abreu e Nadja Naira

MARTA, ROSA E JOÃO, de Malu Galli

MATO CHEIO, de Carcaça de Poéticas Negras

YELLOW BASTARD, de Diogo Liberano

SINFONIA SONHO, de Diogo Liberano

DESCULPE O TRANSTORNO, de Jonatan Magella

SÓ PERCEBO QUE ESTOU CORRENDO QUANDO VEJO QUE ESTOU CAINDO, de Lane Lopes

SAIA, de Marcéli Torquato

SUELEN NARA IAN, de Luisa Arraes

COLEÇÃO DRAMATURGIA FRANCESA

É A VIDA, de Mohamed El Khatib
Tradução Gabriel F.

FIZ BEM?, de Pauline Sales
Tradução Pedro Kosovski

ONDE E QUANDO NÓS MORREMOS, de Riad Gahmi
Tradução Grupo Carmin

PULVERIZADOS, de Alexandra Badea
Tradução Marcio Abreu

EU CARREGUEI MEU PAI SOBRE OS OMBROS, de Fabrice Melquiot
Tradução Alexandre Dal Farra

HOMENS QUE CAEM, de Marion Aubert
Tradução Renato Forin Jr.

PUNHOS, de Pauline Peyrade
Tradução Grace Passô

QUEIMADURAS, de Hubert Colas
Tradução Jezebel de Carli

COLEÇÃO DRAMATURGIA ESPANHOLA

A PAZ PERPÉTUA, de Juan Mayorga
Tradução Aderbal Freire-Filho

ATRA BÍLIS, de Laila Ripoll
Tradução Hugo Rodas

CACHORRO MORTO NA LAVANDERIA: OS FORTES, de Angélica Liddell
Tradução Beatriz Sayad

CLIFF (PRECIPÍCIO), de José Alberto Conejero
Tradução Fernando Yamamoto

DENTRO DA TERRA, de Paco Bezerra
Tradução Roberto Alvim

MÜNCHAUSEN, de Lucía Vilanova
Tradução Pedro Brício

NN12, de Gracia Morales
Tradução Gilberto Gawronski

O PRINCÍPIO DE ARQUIMEDES, de Josep Maria Miró i Coromina
Tradução Luís Artur Nunes

OS CORPOS PERDIDOS, de José Manuel Mora
Tradução Cibele Forjaz

APRÈS MOI, LE DÉLUGE (DEPOIS DE MIM, O DILÚVIO), do Lluïsa Cunillé
Tradução Marcio Meirelles

2019

———————

1ª impressão

Este livro foi composto em Univers.
Impresso pela gráfica Stamppa
sobre papel Pólen Bold LD 70g/m².